I0833018

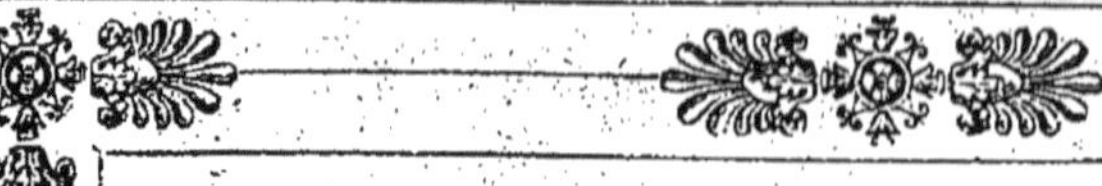

LE

CENTENAIRE,

Roman

HISTORIQUE ET DRAMATIQUE

EN SIX ÉPOQUES :

L'ANCIEN RÉGIME.
LA RÉVOLUTION.
LA RÉPUBLIQUE.
L'EMPIRE.
LA RESTAURATION.
LA GRANDE SEMAINE.

Par E. Jouy,
DE L'ACADÉMIE FRANÇAISE.

DÉDIÉ A M. JACQUES LAFFITTE.

TOME SECOND.

Paris,

SILVESTRE, LIBR.-ÉDIT., rue Tirou, n. 8. | BAUDOUIN, ÉDITEUR, rue et Hôtel Mignon, n. 2.

1833.

LE

CENTENAIRE.

QUATRIÈME ÉPOQUE.

L'EMPIRE.

PERSONNAGES

NOUVEAUX

DANS LA QUATRIEME ÉPOQUE.

JACQUES OUTINE.

NAPOLÉON.

Le marquis de SOMBREVAL.

La marquise de SOMBREVAL.

Le général BARREAU.

La baronne de BARREAU.

Le chevalier de FRÉMENVILLE.

JULES FAUVEL.

Madame de SESANE.

Lady SYDMOORE.

MARIE, FELICIE, ARMAND, } enfans du général GRANGEVAL.

QUATRIÈME ÉPOQUE.

L'EMPIRE.

(Le théâtre représente un petit salon de l'hôtel de Grangeval où se trouve le portrait de la princesse de Richemont, que l'on a vu dans les actes précédens.)

SCÈNE PREMIÈRE.

QU'EST-CE DONC QUE LA PROVIDENCE ?

GILBERT, BOUCHENCOUR.

BOUCHENCOUR.

Eh bien! mon vieux camarade, te voilà donc de retour au gîte; tu dois en avoir vu de belles, depuis dix ans que tu cours le monde?

GILBERT.

En effet, je ne me suis pas trop endormi.

BOUCHENCOUR.

Tu fais mentir le proverbe, mon pauvre garçon, les voyages ont bien déformé ta jeunesse.

GILBERT.

Vous vous êtes tiré d'affaire plus heureusement que moi, monsieur le conseiller.

BOUCHENCOUR.

C'est vrai; la révolution ne m'a pas maigri.

GILBERT.

Comment diable avez-vous fait?

BOUCHENCOUR.

J'ai toujours bien dîné, voilà tout. Informé que vous aviez quitté Paris le lendemain du prétendu mariage où je t'avais servi de témoin, je jugeai ma position d'un coup d'œil: je vis que j'échapperais difficilement à la vengeance de Pressades et de sa dame de Misarette; d'un autre côté, on parlait de supprimer la commission des vivres où j'étais employé, et l'on venait d'instituer les banquets civiques; la place n'était plus tenable... Je ne perds point la tête, et je fais si bien auprès d'un vieux cordelier de mes amis, que je suis envoyé dans la Belgique en qualité de commissaire du pouvoir exécutif. Je n'étais là qu'un homme de paille, ce qui ne m'empêcha pas d'y faire mes orges, et de mettre du foin dans mes bottes. Quand je revins à Paris, Barras commençait à jouer un rôle; je connaissais ses goûts, il connaissait mes talens et m'attacha à sa personne : il devint directeur. Ah! mon cher, la joyeuse vie que nous avons menée pendant les trois ans où nous avons gouverné la France; que de bons dîners j'ai faits! que de jolies femmes j'ai vues, ce qui s'appelle vues... Je ne parle pas des grands couverts de nos cinq rois amovibles, c'est des ravissantes orgies du président Barras qu'il est question. Je n'oublierai jamais notre salle à manger tout en glaces, dont les cinq côtés multipliaient à l'infini la table de vingt couverts où nous étions invariablement assis. Au nombre des convives habituels se trouvaient dix femmes, belles de jeunesse, de grâces et d'abandon. Mais! mon ami, te le dirai-je? mon appétit s'arrangeait fort mal du spectacle de ces objets charmans : la table est un plaisir qui absorbe son homme tout entier; je veux pouvoir m'y livrer sans distraction, sans réserve, et l'estomac souffre, vois-tu, pour peu que le cœur et les yeux soient occupés. J'ai donc vu, sans beaucoup de regrets, la journée du 18 brumaire qui m'a forcé de changer de patron : ma place était marquée chez le second consul, et je ne m'y suis pas fait attendre. J'ai rendu célèbres les dîners du moderne Lucullus. Mais toute excellente qu'était la table de monseigneur, je finis par me lasser de nos promenades quotidiennes sous les galeries du Palais-Royal, où le public riait de si bon cœur au nez de son altesse et de ses deux accolytes. Au milieu de tous ces changemens qui ont bouleversé la France depuis 89, j'avais secoué tout préjugé nobiliaire; je dois même te l'avouer, j'avais pris goût à la république; aussi ai-je fait la sourde oreille à sa majesté impériale, quand elle m'a fait proposer la place de maître-d'hôtel dans sa maison, où l'on faisait la plus mauvaise chère du monde, et où l'on dînait en moins d'une demi-heure. Liberté, égalité ou la mort, je ne connais que cela; aussi du moment que j'ai appris la réintrégation de notre cher général, vous avez pu savoir, mon cher Gilbert, que je ne lui ai pas fait attendre mon hommage.

GILBERT.

C'est une justice à vous rendre : j'ai trouvé votre couvert mis à l'hôtel de Grangeval, comme je l'avais laissé, il y a quelque quarante ans, au palais de Richemont.

BOUCHENCOUR.

Imperturbable dans mes principes, mon

ami, comme dans mes affections...... Mais toi, brave et fidèle Gilbert, comment as-tu passé les dix ou douze années pendant lesquelles nous nous sommes perdus de vue?

GILBERT.

Partie sur les grandes routes, et partie dans les cachots de France et d'Allemagne. Vous savez par quel moyen j'étais parvenu à faire sortir de France la jeune princesse; j'espérais trouver le général à Lausanne, où je lui avais donné rendez-vous; mais arrêté, contre le droit des gens, sur la terre étrangère où il avait été forcé de chercher un refuge contre la plus injuste proscription, nous ne pouvions le rejoindre que dans les cachots d'une forteresse d'Allemagne où il avait été plongé. La princesse n'obtint la permission de s'y introduire, qu'à la condition de n'en plus sortir qu'avec l'illustre prisonnier. Le jour même où elle y entra, j'assistai à leur mariage, qui fut béni dans la chapelle de la forteresse où ils restèrent enfermés. Je rentrai en France pour essayer de sauver la fortune de celle dont j'avais sauvé la vie. Je ne fus point surpris de me voir arrêté quelques semaines après mon retour, sur la dénonciation de madame de Misarette. Pour toute défense, je me contentai d'écrire à son ami Brulard que, si je n'étais pas libre dans un délai de 48 heures il pouvait se préparer à venir me tenir compagnie sur le fatal chariot : le lendemain j'étais en liberté. Je me remis à l'ouvrage, et je parvins, avec le secours de monsieur de Pressades, je dois en convenir, à terminer les affaires de la succession Richemont. Ce ne fut qu'après l'avoir tranférée, par contrat de vente, sur la tête du vénérable monsieur d'Olbreuse, que je me décidai à repasser le Rhin, pour porter secours à nos chers prisonniers. Ce manége, que j'avais déjà répété cinq fois impunément, allait me devenir funeste, lorsque le dix-huit brumaire renversa le théâtre portatif de l'Hôtel-de-Ville, où j'étais au moment de monter, et rendit à la France le couple héroïque que la terreur et la trahison en avaient banni. Depuis ce temps, j'ai constamment suivi le général à l'armée et dans les grandes missions diplomatiques où il a été employé. Rentré dans ses foyers depuis un mois, il m'avait laissé en arrière pour régler quelques affaires domestiques. Je reviens enfin me reposer, comme lui, au sein de son heureuse famille.

BOUCHENCOUR.

Bravo! mon vieux camarade, nous avons manœuvré à merveille, chacun de notre côté; enfin la révolution est finie, et grâce au ciel, nous vivons.

GILBERT.

Dites que nous survivons, monsieur le conseiller.

BOUCHENCOUR.

Voulant dire par là que bon nombre des

nôtres manquent à l'appel ; c'est fâcheux ! mais que veux-tu?...

GILBERT.

J'entends venir monsieur d'Olbreuse ; vous savez qu'il est convenu qu'il ne vous rencontrerait jamais qu'à table.

BOUCHENCOUR.

Je sors ; aussi bien j'ai à donner quelques avis au chef de cuisine, sur une nouvelle fricassée de poulet dont je suis l'inventeur : je l'appelle *poulet à la Marengo,* dans *le Cuisinier impérial* que je rédige en société avec mon vieil ami Grimaud de la Reynière.

(*Ils sortent.*)

SCENE II.

D'OLBREUSE, OUTINE.

D'OLBREUSE.

Comment! monsieur, vous êtes cet enfant que me recommanda, au lit de la mort, ce bon curé de Belloch, et dont je n'avais pu avoir, jusqu'ici, la moindre nouvelle?

OUTINE.

C'est moi, monsieur, ou du moins j'ai tout lieu de le croire.

D'OLBREUSE.

Maintenant, pour justifier aux yeux du général l'intérêt que je vous porte, il vous reste à m'instruire des événemens qui vous ont si long-temps soustrait à mes recherches.

OUTINE.

C'est mon histoire entière que vous me

demandez : comme elle justifie, à mes yeux du moins, le caractère que l'on me reproche, je ne demande pas mieux que de vous la raconter. On m'appelle, ou plutôt je me suis appelé moi-même *Outine*. Pour peu que vous ayez souvenance de votre *Odyssée*, c'est déjà une manière de vous dire que je ne suis le fils de *personne*. J'ai été élevé, jusqu'à l'âge de dix ans, par ce même curé du village de Belloch, en Béarn, qui me recommandait à vous à ses derniers momens.

Ce vieillard vénérable, chez lequel on m'avait déposé quelques mois après ma naissance, avec une assez forte somme d'argent, mourut sans avoir pu découvrir à qui j'appartenais ; il m'avait confié à son frère, pauvre fermier des environs d'Othervielle, et comme je grandissais à vue d'œil, sans qu'on me fît passer le moindre secours, je ne tardai pas à devenir à charge à la pauvre famille qui m'avait adopté. Je commençais à m'en apercevoir, et déjà je rassemblais assez d'idées pour en vouloir beaucoup à ceux qui m'avaient mis au monde à de si tristes conditions.... Un jour, assis au pied d'un arbre, je rêvais au parti que je devais prendre : un gros homme assez bien vêtu, que je me rappelai avoir vu plusieurs fois à la ferme, vient à moi, me prend par la main et me conduit sur le pont d'Othervielle, où l'attendait une chaise de poste. Jacques (me dit-il en m'appelant du nom que m'avait donné le curé), vous voyez ce château sur la hauteur, derrière la forêt : celle à qui il appartient est votre mère ; vous en trouverez les preuves incontestables dans ce porte-feuille. En vous le remettant, je répare une grande faute, j'acquitte un devoir, et je me venge..... Adieu! Sans me donner le temps de dire une parole, il monte dans sa chaise de poste et s'éloigne en m'appelant monsieur le marquis.

Revenu de ma surprise, je n'ai rien de plus pressé que d'entrer dans un petit bois voisin, et de prendre connaissance de mes titres de noblesse ; rien n'y manquait : lettres, portraits, certificats d'accoucheur, de nourrice; j'étais, sinon bien légitimement, du moins bien légalement, le fils d'un marquis de Verneuil.

D'OLBREUSE.

Verneuil de Louville, mort au camp de Jalès ?

OUTINE.

C'est cela! Je ne me donne pas le temps d'en apprendre davantage; je vais à l'instant même déposer mes papiers chez le notaire d'Othervielle, et dès le lendemain, sans prévenir personne, je me rends au château qu'on m'avait indiqué; je fais demander à madame la marquise un moment d'entretien particulier; elle me reçoit sans daigner jeter les yeux sur moi; mais j'avais préparé ma petite harangue de manière à fixer son attention du premier mot.

« Vous me pardonnerez, madame la marquise, d'avoir différé si long-temps à vous rendre mes devoirs, lorsque vous saurez que je n'ai appris qu'hier seulement que j'avais l'honneur de vous appartenir. — De m'appartenir! Que voulez-vous dire, mon ami? — Je veux dire, madame, que je suis votre fils, que vous l'avez oublié pendant plus de quatorze ans, et que je viens vous en faire souvenir. — Et qui vous a fait ce conte? — Cette histoire (car c'est bien une histoire, madame) est écrite de votre main et de celle de monsieur de Verneuil, dans une suite de lettres que j'ai déposées chez un notaire, qui les communiquera, si vous le jugez convenable, au tribunal de Pau. » A ces mots, la marquise court à son secrétaire, ouvre un tiroir secret, et n'y trouvant plus les papiers qu'elle y avait sans doute renfermés : « Le misérable intendant! s'écrie-t-elle avec l'accent de la plus violente colère; je le ferai pendre! » Puis s'adressant à moi :

«Eh bien! jeune homme, que demandez-vous? Quelque chose que vous ayez pu lire, je ne suis pas votre mère; il n'en est pas moins vrai que votre naissance est un mystère qu'il ne m'est pas permis de vous révéler. Rendez-moi les papiers qu'un serviteur infidèle a fait tomber entre vos mains, et mettez un prix à ma reconnaissance. — Madame, lui répondis-je, votre cœur m'a désavoué trop long-temps pour que j'attache aucun sentiment au nom de votre fils : j'y renonce sans la moindre peine; mais, puisque vous m'avez fait un supplice de la vie, que je ne vous demandais pas, vous devez, du moins, m'en alléger le fardeau. Vous avez, m'a-t-on dit, deux ou trois cent mille livres de rente, auxquelles, en ma qualité de fils aîné, j'aurais au moins autant de droits que vos deux autres enfans : eh bien! assurez-moi dix mille livres de rente par contrat en bonne forme, et j'abjure tous mes droits, d'aussi bonne grâce que vous faites le sacrifice des vôtres. » La dame se récria long-temps sur l'énormité de mes prétentions; mais enfin le marché fut conclu ; je lui remis, en échange d'un contrat de rente où je pris le nom d'Outine, qui ne compromettait personne, les papiers qui ne m'assuraient un état dans le monde qu'aux dépens de l'honneur et du repos de la famille où la loi m'autorisait à entrer, mais d'où la nature m'avait exclu.

Cette affaire arrangée, je me mis à courir le monde ; j'arrivai à Paris. Je croyais y admirer les nobles agitations d'un grand peuple, et je ne vis que les gambades d'une nation de singes ; je sautai comme un autre, sans savoir pour qui ni pour quoi; mais je me sauvai quand les maîtres du cirque lâchèrent contre les singes les loups et les tigres, qui les étranglèrent.

Je passai en Angleterre. Quinze jours après mon arrivée, mon tailleur me fit mettre à *Fleet-Prison*, parce que je voulus faire régler un mémoire où il prenait des guinées pour des schelings. Au bout de six mois de vexations et d'avanies, on me chassa de cette terre classique de la liberté, en vertu de l'*Allien-Bill.*

Ce fut bien pis chez les descendans de Guillaume Tell : on m'y pourchassa de canton en canton jusqu'à Constance. Là, mes nobles compatriotes prirent, un beau matin, la résolution de me jeter dans le lac, parce que je portais mes cheveux sans poudre. J'ai successivement parcouru tous les états européens; partout j'ai trouvé matière à me convaincre que ce monde est un grand bagne où la justice, pour ne pas dire l'injustice éternelle, rassemble des millions de forçats sous la garde d'une centaine d'argousins couronnés qui ne valent pas mieux que la chaîne qu'ils conduisent.

Las de battre la campagne, et toujours poursuivi par la meute, je suis rentré au gîte; j'ai pris du service sous les drapeaux de Bonaparte consul, mais j'ai cessé de servir sous les aigles de Napoléon empereur. Depuis, j'ai fait une course dans le Béarn pour revoir l'humble presbytère où s'est passée mon enfance : c'est là que j'ai appris par le frère du bon curé de Belloch, les informations que vous aviez prises sur mon compte; je viens vous les donner moi-même.

D'OLBREUSE.

Dans votre histoire, qui m'a vivement intéressé, un nom surtout m'a frappé, et il se pourrait que j'y trouvasse le mot de l'énigme de votre naissance. Ne manquez pas de venir ce soir à la fête que donne le général ; nous trouverons l'occasion de renouer un entretien que nous ne pouvons continuer en présence de la famille qui va se réunir pour déjeûner dans ce petit salon.

OUTINE.

Je les entends, je vous quitte. (*Il sort.*)

SCÈNE III.

GRANGEVAL, D'OLBREUSE, CECILE, GILBERT, ENFANS.

GRANGEVAL.

Enfin, nous voilà réunis; Gilbert seul manquait à la famille. Déjeunons. (*Ils se placent autour d'une table à thé.*) (*A Gilbert.*) Tu ne t'asseois pas ?

GILBERT.

Vous m'avez permis de ne rien changer à mes vieilles habitudes; il y a quatre ou cinq heures que j'ai déjeûné... D'ailleurs, (*en montrant les enfans*) voici des jeunes gens qui me font des signes que j'entends à merveille.

CÉCILE.

De quoi s'agit-il ?

GILBERT.

De déballer en leur présence une caisse de joujous d'Allemagne que je leur ai apportée.

ARMAND.

Veux-tu, maman, que nous allions avec Gilbert ?

CÉCILE.

Oui sans doute ; mais à condition que l'on m'attendra pour le partage.

GILBERT, *emmenant les enfans.*

Qui m'aime me suive !

SCÈNE IV.

LES MÊMES (moins Gilbert et les enfans).

GRANDE FAUTE D'UN GRAND HOMME.

CÉCILE, *regardant sortir Gilbert.*

Je ne puis regarder cet excellent homme sans éprouver quelque chose du sentiment que l'on a pour la Providence ; il a sauvé vos jours.

LE GÉNÉRAL.

Il a fait plus, il a sauvé les vôtres.

D'OLBREUSE.

Et pourtant, s'il était question de décerner le prix du dévouement et du courage à l'action la plus héroïque, entre toutes celles qui ont consolé l'humanité dans nos temps de folies et de fureur, ce n'est pas lui qui l'obtiendrait, si j'étais juge.

CÉCILE.

Eh ! qui donc, mon ami ?

D'OLBREUSE.

Une femme de ma connaissance, à qui la nature avait prodigué tous ses dons, le hasard toutes ses faveurs, la fortune tous ses trésors, et qui, dès sa plus tendre jeunesse, au plus fort de l'orage révolutionnaire, illustra chaque jour de sa vie par quelque trait d'héroïsme.

CÉCILE.

Peut-être y a-t-il déjà trop d'orgueil à supposer que je sois l'objet d'un pareil éloge, j'aurai du moins la modestie de ne point l'accepter, en songeant à quoi se bornent ces vertus héroïques dont j'ai donné l'exemple. Sérieusement, pensez-vous que je puisse me glorifier d'avoir abandonné mon vieil ami au jour du péril, pour courir après mon jeune amant en pays étranger ?

LE GÉNÉRAL.

Sans doute, si vous ajoutez que cet amant après lequel vous couriez était proscrit, fugitif, et que vous ne pouviez le rejoindre au fond des cachots, où il attendait la mort, qu'à condition d'y descendre avec lui pour n'en plus sortir.

D'OLBREUSE.

Si vous ajoutiez que la dame en question ne s'éloigna du vieil ami qu'après avoir acquis la preuve que leur réunion augmentait le danger pour chacun d'eux; si vous ajoutiez...

CÉCILE.

Ah! si vous continuez, messieurs, je reprends la parole et je ne la quitte, je vous en préviens, qu'après avoir épuisé le panégyrique du plus vertueux des hommes, du plus grand des citoyens, du plus fidèle et du plus courageux des serviteurs; nous verrons alors à qui devra rester le prix du dévoûment.

LE GÉNÉRAL.

Cécile a raison : jouissons en commun d'un bonheur qui est l'ouvrage de tous, et ne nous occupons plus que des affaires publiques, qui seules peuvent désormais le troubler.

D'OLBREUSE.

Mes enfans, je suis fâché de commencer l'entretien sur ce sujet, en vous déclarant que je suis encore assez jeune pour voir en France deux ou trois révolutions avant de mourir.

LE GÉNÉRAL.

Comment ! vous ne croyez pas à la durée de ce régime impérial si miraculeusement établi ?

D'OLBREUSE.

On n'improvise pas l'ouvrage des siècles, et un empire ne se jette pas aussi brusquement au moule. Mon avis est qu'en se mettant une couronne sur la tête, le géant s'est rappetissé.

LE GÉNÉRAL.

Il a cru que la France avait surtout besoin de gloire, et il l'a faite grande, ne pouvant la faire libre.

D'OLBREUSE.

César aussi désespérait du salut de la liberté, quand il passa le Rubicon.

CÉCILE.

J'aurais cru que les dernières victoires de Napoléon vous auraient réconcilié avec lui.

LE GÉNÉRAL.

Avec quel enthousiasme ne vous ai-je pas entendu parler de ce puissant génie que, le premier, vous avez surnommé l'homme du destin. Le soleil est fait pour éclairer le monde, nous avez-vous dit cent fois; Napoléon est né pour commander aux hommes. Nulle gloire ne peut se comparer à la sienne.

En effet, quel capitaine des temps anciens ou modernes a jamais étonné le monde par de si nombreux et de si prodigieux succès? Que sont les batailles d'Arbelles, de Pharsales, de Rocroi, d'Hochstett, auprès des batailles de Lodi, d'Arcole, d'Austerlitz, de Wagram, de Jéna, de Friedland, et dix pages d'et cætera.

D'OLBREUSE.

Écoutez-moi bien, mes enfans : c'est une grande immunité que l'âge où me voilà parvenu; bientôt sans contemporains, presque seul en présence de mes souvenirs, je suis déjà la postérité pour votre héros, et je lui reproche dès aujourd'hui ce qu'elle lui reprochera plus durement dans quelques siècles. Gagnât-il cent autres batailles d'Austerlitz, je dirai toujours qu'il pouvait être le plus grand des hommes, et qu'il s'est contenté d'être le premier des rois. Eh! sans doute, la France avait besoin pour quelques mois, pour quelques années peut-être, d'un chef absolu pour la tirer de l'abîme anarchique où l'avaient plongée les hommes de la terreur! Il lui fallait Cincinnatus, elle a choisi César. Dussé-je blesser votre modestie, et conséquemment la nôtre à tous, je le dirai, mon cher Grangeval, c'est vous que le bon génie de la France appelait à cette dictature temporaire, qui pouvait seule sauver à la fois l'état et la liberté.

LE GÉNÉRAL.

Ensemble nous pensons tout haut, n'est-il pas vrai? J'en conviendrai donc avec vous, cette pensée de la dictature m'est venue plus d'une fois à l'esprit. Mais je ne tardai pas à m'apercevoir que l'opinion publique se partageait inégalement entre mon rival et moi. On m'estimait plus, mais on l'admirait davantage, et ce dernier sentiment entraîne notre nation beaucoup plus loin et beaucoup plus vite.

CÉCILE.

En France, l'estime ne fait pas d'enthousiastes.

LE GÉNÉRAL.

Faut-il tout vous dire? j'avais fini par me ranger, contre moi-même, du parti d'un héros sans rival, qui assurait à mon pays plus de gloire qu'aucun peuple n'en avait jamais obtenu. L'empire de Napoléon fera époque dans l'histoire du monde; le gouvernement d'un autre Washington n'en eût été qu'un épisode.

D'OLBREUSE.

Du point de vue où l'âge et la raison m'ont placé, que l'ambition me paraît misérable! etcombien j'en veux à Napoléon de ne multiplier autour de nous les prodiges que pour replacer la nation qu'il gouverne sous le joug despotique qu'elle avait brisé.

UN LAQUAIS, *annonçant*.

Madame de Misarette!

CÉCILE.

Je n'ai point répondu à sa demande d'un rendez-vous, pensez-vous que je doive la recevoir?

D'OLBREUSE.

Sans doute; vous la connaissez trop bien pour être sa dupe; et puis il y a toujours quelque chose à apprendre avec une pareille femme, ne fût-ce-qu'à la craindre ou à la mépriser davantage.

LE GÉNÉRAL.

D'ailleurs, il est possible que l'âge l'ait corrigée : la femme de soixante ans peut vouloir faire oublier les erreurs de la femme de trente.

CÉCILE, *au laquais*.

Faites entrer.

D'OLBREUSE.

Ecoutez-la, cependant, comme si vous ne croyiez pas à sa conversion.

SCENE V.

LA MÈRE ET LA GOUVERNANTE.

CECILE, MADAME DE MISARETTE.

MADAME DE MISARETTE, *elle embrasse Cécile.*

Eh! bon jour, ma chère princesse; je vous revois enfin, et ce jour est le plus beau de ma vie.

CÉCILE, *froidement.*

Je le crois, madame; mais venons, je vous prie, au sujet qui me procure l'honneur inattendu de votre visite.

MADAME DE MISARETTE.

Laissez-moi d'abord vous féliciter du retour si glorieux du cher général : après tant de traverses, tant de persécutions, la fortune devait à ce grand homme la récompense que vous seule pouviez lui offrir, et votre hymen!....

CÉCILE, *riant.*

Vous oubliez, madame, qu'il n'a pas tenu à vous de le priver de ce que vous voulez bien appeler sa récompense.

MADAME DE MISARETTE.

Permettez-moi de croire que je n'ai point à me justifier près de vous des efforts que j'ai tentés, dans ces jours de honte et de crimes, pour vous sauver l'honneur et la vie.

CÉCILE.

Non, madame, j'accepte sans examen l'assurance que vous me donnez de la pureté de vos intentions... Je suis heureuse quand on me met à portée de croire que tout le monde a contribué à mon bonheur.

MADAME DE MISARETE.

Eh! bien, Cécile (vous permettrez du

moins ce nom à ma vieille amitié), je viens vous en offrir et vous en demander la preuve. Élevée moi-même sous les yeux de la princesse de Richemont, votre mère adoptive, j'ai veillé auprès de votre berceau : lorsque des intérêts de famille et des exigences de position vous forcèrent à vous marier au sortir de l'enfance, je ne balançai pas à vous suivre au couvent, où vous deviez attendre l'âge de vous réunir à votre époux : le mouvement révolutionnaire nous sépara, et je dus me borner à une surveillance occulte, dont le hasard, je dois en convenir, trompa fort heureusement les calculs. Dès lors, tranquille sur votre sort, et tout entière à moi-même, j'ai vécu dans la retraite et dans la méditation, uniquement occupée de la patrie dont le monde m'avait trop long-temps détournée. Votre intérêt le plus cher pouvait seul m'en faire sortir : j'ai pensé que mes derniers jours pouvaient encore être utiles et je voudrais vous les consacrer. Vous avez des enfans, ma jeune amie; leur éducation est sans doute le premier objet de votre sollicitude maternelle; eh bien, je crois acquitter ma vieillesse de tous les bienfaits que ma jeunesse a reçus dans votre maison, en vous témoignant le désir bien modeste de me rattacher à votre famille en qualité de gouvernante de vos enfans.

CÉCILE.

De mes enfans, madame!.. mes filles n'auront jamais d'autre gouvernante que leur mère; quant à mon fils, il ne sortira de la maison paternelle que pour recevoir dans les lycées l'éducation publique qui peut seule en faire un homme. C'est l'avis de leur père; c'est le mien, et cette résolution, que rien ne saurait changer, m'oblige à refuser l'offre de vos services.

MADAME DE MISARETTE.

Quoique vous dissimuliez assez mal tout ce qu'un pareil refus à de désobligeant pour moi, je ne veux pourtant y voir qu'une suite de ce système auquel le général, depuis longtemps, a soumis sa conduite : n'est-il pas tout simple que les enfans du citoyen Grangeval soient élevés pour figurer dans cette utopie républicaine, dont il est fâcheux qu'une terrible expérience ne l'ait pas encore désabusé?

CILE.

Il est vrai, madame, que votre exemple aurait dû suffire pour le dégoûter de la république.

MADAME DE MISARETTE.

Croyez-moi, madame, le moment est mal choisi pour réchauffer les prétentions des Fédéralistes. J'ai le secret du héros que la victoire a si heureusement élevé à l'empire; il est bien résolu à nous faire justice de tous les ennemis du trône et de l'autel, de quelque masque qu'ils se couvrent.

CÉCILE.

Dites-moi donc, madame, si le héros, dont vous savez le secret, comprend au nombre des ennemis du trône et de la religion les lâches courtisans de tous les pouvoirs qui ont consommé la ruine de la monarchie? et de la république. Les tartuffes des deux sexes qui déshonorent la religion qu'ils prétendent venger?.. Dites-moi...

MADAME DE MISARETTE.

Madame, épargnez-vous des questions auxquelles je ne dois point de réponses; j'en sens toute l'obligeance, et je ne désespère pas de trouver un jour l'occasion de vous en témoigner ma gratitude..

CÉCILE.

Je ne doute madame, ni de votre bonne volonté, ni de votre crédit; mais je compte un peu, je l'avoue, sur votre réputation.

MADAME DE MISARETTE.

Adieu, princesse.

CÉCILE.

Adieu, madame.

SCENE VI.

CECILE, GRANGEVAL.

LE GÉNÉRAL.

Je guettais sa sortie : je suis curieux de savoir ce que cette bonne dame avait à vous dire.

CÉCILE.

La chose du monde qui pouvait m'étonner davantage ; madame de Misarette vient me proposer d'élever nos enfans.

LE GÉNÉRAL.

Et cela vous étonne, Cécile ! connaissez-vous une meilleure place que celle qu'elle sollicite, pour observer ce qui se passe dans l'intérieur des familles? Je vous assure qu'elle y gagnerait bien son argent.

CÉCILE.

Elle n'a point abordé cette question.

LE GÉNÉRAL.

Je le crois bien; ce n'est pas nous qui serons chargés de payer ses honoraires; mais je vous connais, Cécile, sur ce point vous ne vous dirigez pas par des vues d'économie, je devine votre réponse.

CECILE.

Croiriez-vous qu'elle en a été aussi mécontente que si elle avait pu compter sur une autre. La manière dont elle m'a quittée ne me laisse pas sans crainte sur les suites de sa visite : s'il est vrai, comme elle l'assure, et comme vous paraissez le croire, qu'elle ait quelque crédit auprès de l'empereur.

LE GÉNÉRAL.

Elle dira de nous beaucoup de mal

n'en doute pas; mais elle ne peut plus nous en faire.

CÉCILE.

Cependant autrefois...

LE GÉNÉRAL.

Autrefois elle était jeune et jolie, aujourd'hui...

CÉCILE.

Aujourd'hui elle est dévote, cela fait au moins compensation.

UN LAQUAIS.

Monsieur de Pressades.

CÉCILE.

Je me sauve, je ne saurais voir cet homme sans rire et sans pleurer tout à la fois.

(*Elle sort.*)

SCÈNE VII.

LE COMPLOT.

GRANGEVAL, PRESSADES.

PRESSADES.

Soyez le bien-venu, général, tous nos vieux amis vous attendaient avec impatience. J'apprends que vous donnez ce soir une fête ; et vous ne m'avez pas invité ! Je ne puis croire que vous me gardiez rancune de certaine espiéglerie révolutionnaire dont, après tout, vous avez seul recueilli tous les fruits.

LE GÉNÉRAL.

Si je voulais y penser sérieusement, peut-être, monsieur de Pressades, serais-je en droit de donner un autre nom à ce que vous appelez une espiéglerie ; mais je puis vous assurer, cependant, que la gêne où votre présence pourrait mettre Cécile est le seul motif de l'oubli dont vous avez à vous plaindre.

PRESSADES.

Je m'en plains si peu, mon cher général, que j'ai accepté avec empressement la mission de confiance dont je suis chargé près de vous.

LE GÉNÉRAL.

De quoi s'agit-il ?

PRESSADES.

De l'exécution d'un projet politique que vous seul pouvez conduire à bien. Deux partis sont, en ce moment, en présence : l'un veut rétablir la république, l'autre a pour but de rendre à la France ses anciens rois ; mais tous deux, réunis dans la pensée de renverser le nouvel empereur, s'en remettent à vous de la conduite et des résultats de cette grande entreprise. Nous attendons aujourd'hui même l'avis de l'arrivée de nos amis d'Angleterre. Ainsi, vous pouvez être, à votre choix, le Monck ou le Washington de la France.

LE GÉNÉRAL.

Monsieur de Pressades, il y a quelque vingt ans que ce dernier rôle aurait pu me tenter : et moi aussi, j'ai rêvé une république, et moi aussi, je me suis cru, un moment, appelé à présider un congrès sur les bords de la Seine; mais l'illusion s'est dissipée, mes yeux se sont ouverts dans les cachots de l'Allemagne, et désormais bien convaincu que les Français préfèrent à tout la gloire et la grandeur, j'ai vu sans envie, je dirai presque avec bonheur, élever sur le pavois le plus grand homme de guerre des temps anciens et modernes. Ce n'est pas moi qui l'ai placé sur le trône; ce n'est pas moi qui l'en ferai descendre. Quant à Monck, il joue dans l'histoire un rôle qui ne me tentera jamais. Mais soyez tranquille, les Anglais vous élèvent des héros de restauration, et si l'occasion se présente, les traîtres ne vous manqueront pas.

PRESSADES.

Ainsi, général, vous refusez de vous mettre à la tête de ce grand mouvement.

LE GÉNÉRAL.

Oui, monsieur de Pressades, je refuse.

PRESSADES.

Et vos raisons?

LE GÉNÉRAL.

Je refuse parce que la lutte est engagée entre nous et l'Europe entière, parce que Napoléon, qui ne l'a point suscitée, quoi qu'on en dise, peut seul la soutenir avec avantage; je refuse, parce que la France a tout à perdre, même au succès d'une conspiration de fabrique étrangère; je refuse, enfin, parce que j'ai horreur de la trahison, et que partout où je vois la main des Anglais, je crains l'explosion d'une machine infernale.

PRESSADES.

Dans ce cas, général, ma mission est remplie, et votre refus me rend ma liberté. La fortune se déclarait pour vous; vous reculez devant elle : l'abîme est derrière; songez-y bien. Adieu; je ne veux pas vous retenir plus long-temps loin des amis qui assiégent aujourd'hui votre porte. Sachez seulement qu'avant huit jours, peut-être, *solus eris*. (*Il sort.*)

LE GÉNÉRAL, *seul.*

Mon devoir est dicté; je ne veux pas même prendre le temps de consulter d'Olbreuse. (*Il écrit, ferme sa lettre et sonne.*) Portez cette lettre à son adresse, et faites entrer dans mon cabinet, en passant par le jardin, la personne à qui j'écris, et qui vous suivra.

SCENE VIII.

D'OLBREUSE, GRANGEVAL.

D'OLBREUSE.

Que faites-vous donc seul dans votre cabinet? Pressades vous a-t-il apporté quelques nouvelles ?

GRANGEVAL.

Il est venu me proposer de me mettre à la tête d'une conspiration anglaise contre Bonaparte.

D'OLBREUSE.

A condition qu'il ne s'en mêlerait pas, sans doute. Je n'ai pas besoin de vous demander comment vous avez reçu la confidence.

GRANGEVAL.

Comme une injure qu'il faisait à ma loyauté; et comme il s'agissait d'une trahison diplomatique dont la découverte ne pouvait compromettre que les Anglais, j'ai fait prévenir le grand-maréchal du palais, et je l'attends ici.

D'OLBREUSE.

Bonaparte aura bien de la peine à échapper à la foule des conspirateurs dont il marche entouré. En se faisant empereur, il a déchaîné contre lui tous les amis et tous les ennemis de la liberté.

SCENE IX.

LES TROIS HOMMES.

LES MÊMES, NAPOLÉON.

NAPOLÉON.

Vous attendiez Duroc; c'est moi, général, qui me rends à votre invitation.

GRANGEVAL.

Sire, si j'avais pu prévoir l'honneur que

je reçois, j'aurais demandé à votre majesté une audience particulière.

NAPOLÉON.

Non, non; je voulais vous voir en secret, et vous savez que ce n'est pas chose facile aux Tuileries : les murs y ont autant d'yeux que d'oreilles.

(*D'Olbreuse fait un mouvement pour sortir.*)

GRANGEVAL.

Votre majesté veut-elle permettre que mon vieil ami d'Olbreuse soit présent à cet entretien ?

NAPOLÉON.

J'allais l'en prier. Monsieur d'Olbreuse est un homme d'un grand sens, d'un noble caractère, il ne m'aime pas beaucoup, je le sais; il m'a jugé sans me voir, sans m'entendre : peut-être trouvera-t-il que je gagne à être connu. (*D'Olbreuse salue et Grangeval approche un siége.*) Messieurs, j'aime à parler debout; je m'assoirai pourtant, si M. d'Olbreuse m'en donne l'exemple. (*Napoléon et d'Olbreuse s'assoient.*)

GRANGEVAL.

Sire, on conspire contre vous.

NAPOLÉON.

C'est une pensée avec laquelle je m'endors chaque soir, et qui ne me quitte pas à mon réveil; je finirais par m'y habituer, si la France n'était pas plus intéressée que moi dans cette question de vie ou de mort.

GRANGEVAL.

Ce motif, tout puissant qu'il est, n'aurait peut-être pas suffi pour justifier, à mes propres yeux, la dénonciation que je vous fais, si j'avais eu le temps de déjouer ce complot sans vous en donner connaissance.

NAPOLÉON.

Encore quelque machine infernale !

GRANGEVAL.

Non, sire, il s'agit cette fois d'une conspiration diplomatique..

NAPOLÉON.

Comment et par qui en avez-vous été instruit ?

GRANGEVAL.

Je demanderai à votre majesté la permission de garder sur ce point un inviolable silence.

NAPOLÉON.

Mais, général, à quoi sert l'avis que vous me donnez, si vous me refusez le seul moyen d'acquérir les preuves dont j'ai besoin pour en profiter ?

GRANGEVAL.

Je ne puis, je ne veux nommer personne; quant aux preuves, le courrier d'Angleterre se charge de vous les fournir aujourd'hui même. Il est vrai que pour les obtenir, il faut avoir recours à la violation du secret des lettres. D'habiles gens soutiennent qu'il est des cas où la sûreté du gouvernement, qu'ils appellent alors le salut du peuple, autorise une pareille mesure ; je ne le pense pas, mais sur une question politique d'une si haute importance, je ne prétends imposer à personne les scrupules de ma conscience.

NAPOLÉON.

Idéologie toute pure, mon cher général ; avec de tels principes, le ciel vous préserve d'être jamais à la tête d'un gouvernement, vous n'en auriez pas pour quinze jours. Donnez-moi un morceau de papier et de l'encre. (*Il écrit quelques lignes; il appelle, et Duroc paraît.*) Courez chez Lavalette, et qu'on exécute cet ordre sur-le-champ. Maintenant, messieurs, vous croyez peut-être que je n'ai plus que des remercîmens à vous faire pour le service que vous venez de me rendre ; mais je reste un moment encore

4.

pour en demander un autre à monsieur d'Olbreuse.

D'OLBREUSE.

A moi, sire !

NAPOLÉON.

J'ai beaucoup entendu parler de vous, monsieur, et, chose inouie, tout le monde m'en a dit du bien.

D'OLBREUSE.

Cela s'explique : il y a si long-temps que je ne suis plus sur le chemin de personne ! Si nous eussions vécu ensemble à la cour de Louis XV, vous en eussiez entendu de belles ! J'avais pourtant pris de bonne heure le parti de la retraite ; mais alors on pouvait craindre de ma part un retour d'ambition. Aujourd'hui, l'éloge est sans conséquence : l'encens qu'on brûle sur les tombes ne saurait ranimer les morts.

NAPOLÉON

La vérité est toujours utile aux vivans ; je

veux l'entendre de votre bouche. Si je suis bien informé de votre extrême franchise, je n'aurai pas beaucoup à m'en applaudir. N'importe! je veux savoir ce que vous pensez de moi.

D'OLBREUSE.

Tout ce que vous en pensez vous-même, sire.

NAPOLÉON.

Vous me croyez donc bien modeste? Pour vous convaincre du contraire, je vous dirai de moi tout le bien que j'en sais, et j'en sais beaucoup, je vous en préviens. J'entasserai l'éloge dans un des bassins de la balance; chargez-vous de mettre la censure dans l'autre.

D'OLBREUSE.

Sire, j'userai de la permission.

NAPOLÉON.

On ne m'a point épargné les comparaisons avec Alexandre et avec César; aux yeux de la postérité ; j'aurai sur ces deux héros de l'antiquité un incontestable avantage : Alexandre était fils d'un puissant monarque, et la famille de Jules César était une des trois plus anciennes et plus illustres de Rome ; l'un et l'autre ont vu le jour parmi les peuples les plus renommés de l'univers; mais moi, fils d'un gentilhomme obscur, né sur une terre à demi sauvage, je me suis en quelque sorte créé moi-même ; c'est par la seule force d'une volonté indomptable que je m'élevai aux premiers grades militaires dans une armée ou d'illustres concurrens m'avaient devancé dans la carrière.

D'OLBREUSE.

Vous êtes fils de vos œuvres; mais Ney, Soult, Hoche, Murat, Bernadotte, Suchet, Moreau, Saint-Cyr, sont partis de plus loin que vous ; ils portaient la giberne lorsqu'ils franchirent la barrière fermée qui vous fut ouverte.

NAPOLÉON.

Ils étaient loin devant moi quand je m'élançai sur leurs traces; je ne tardai pas à les atteindre, et bientôt je les vis à ma suite.

D'OLBREUSE.

Dans les champs où l'on ne combattait encore que pour la patrie et la liberté, Napoléon remporta de grandes victoires; mais les palmes de Montenotte, de Millesimo, de Mondovi, de Bassano, de Castiglione, de Lodi, d'Arcole, n'avaient pas obscurci celles de Hoodschoote, de Jemmapes, de Valmy, de Hohenlinden, d'Aldenhoven, de Loano, de la Montagne Noire, de Wathignies et de Fleurus.

NAPOLÉON.

Les noms de Marengo, d'Ulm, d'Austerlitz, de Wagram, d'Iéna, de Friedland, retentiront plus loin dans la postérité. D'ailleurs, que restait-il des trophées de Jemmapes et d'Hohenlinden quand je débarquai à Fréjus?

D'OLBREUSE.

Ce qui restait! les véritables conquêtes de la révolution : les Alpes, les Pyrénées, le Rhin et l'Océan pour barrières ; la liberté et l'égalité pour loi.

NAPOLÉON.

Mais ces précieux débris de la gloire républicaine, un gouvernement faible et incapable était au moment de les laisser ravir à la France.

D'OLBREUSE.

L'énergie nationale pouvait encore une fois tout sauver ; la liberté ne fut perdue, je dois vous le dire, que le jour où vos soldats dispersèrent à Saint-Cloud les députés de la France.

NAPOLÉON.

Le 18 brumaire a sauvé la patrie : il est des circonstances où la dictature est le seul recours des peuples libres. En prenant le pouvoir, je n'abjurai aucun des principes de la révolution ; je prêtai serment à la souveraineté du peuple, au système représentatif.

D'OLBREUSE.

Comment l'avez-vous tenu, ce serment ? Bientôt une monarchie consulaire succéda à la république, bientôt l'empereur succéda au premier consul.

NAPOLÉON.

Pour conquérir la paix sur les grandes puissances de l'Europe, il fallait mettre notre gouvernement en harmonie avec les leurs. Ce que la nation française voulait et voudra toujours avant tout, c'est la considération au-dehors et l'égalité au-dedans. Sa volonté fut la mienne : j'ai voulu, et la révolution a fini ; j'ai voulu, et le niveau de l'égalité s'est promené sur toutes les têtes ; j'ai voulu, et tous les cultes ont ouvert leurs temples ; j'ai voulu, et la France est devenue l'arbitre des peuples et des rois.

D'OLBREUSE.

Vous avez étouffé la liberté sous la gloire: en imposant aux Français une admiration sans bornes pour votre génie, vous les avez replacés, triomphans, sous le joug qu'ils avaient brisé.

NAPOLÉON.

Les hommes, pour la plupart, ne voient que le but dans toutes les choses dont l'exécution ne leur est pas confiée : les obstacles les plus insurmontables disparaissent à leurs yeux; le succès est tout ce qui les frappe. Cependant l'architecte qui veut bâtir un palais régulier, sur un terrain couvert de ruines, ne peut jeter les fondemens de son nouvel édifice avant d'avoir déblayé le sol des vieux débris qui le couvrent; et lorsque ces travaux exigent des années, il construit à la hâte quelques barraques pour s'y mettre à couvert avec les ouvriers. Si les événemens ou les hommes forçaient l'architecte à renoncer à son projet, ne serait-il pas plus équitable de juger de la beauté du monument qu'il se proposait d'élever, sur la nature des fondemens déjà posés, que sur le bâtiment provisoire qu'il aurait construit pour les besoins du moment. Cette justice, je la réclame pour moi : je n'ai point encore donné à la France les institutions que je lui destine ; mais j'en ai posé les bases dans le code le plus vaste et le plus parfait qu'aucune nation ait jamais possédé.

D'OLBREUSE.

La nature avait fait de vous le plus grand des hommes : l'ambition n'en a fait que le plus grand des conquérans. La liberté est le bien de tous ; le pouvoir peut être le partage de quelques-uns : vous l'avez voulu pour vous seul. Digne de votre siècle, vous pouviez le devancer dans sa marche rapide. Vous pouviez aller loin : vous avez préféré aller haut. Il appartenait à un génie comme le vôtre de fonder sur la liberté publique cette monarchie représentative que l'Assemblée constituante avait révélée au monde : vous avez mieux aimé élever sur des trophées militaires un trône dont rien n'égale la splendeur, mais dont rien aussi ne peut garantir la durée. Dans l'espoir, je pourrais dire sous prétexte de rassurer les consciences, qui étaient en paix, vous avez rendu au clergé sa périlleuse influence ; vous avez préludé au rétablissement de la noblesse féodale par l'établissement des majorats, des dotations et des ordres de chevalerie. Le même général qui avait dit aux Musulmans d'Égypte : *N'est-ce pas nous qui avons détruit le pape? n'est-ce pas nous qui avons détruit les chevaliers de Malte? Dieu est Dieu, Mahomet est son prophète*, a signé un concordat avec le pape, où il reconnaît une religion dominante.

NAPOLÉON.

Je me suis mesuré avec mon siècle : soit

orgueil, soit raison, je me suis trouvé plus grand. Qu'avais-je à faire autre chose que de descendre jusqu'à lui? Le destin avait remis en moi la force de volonté, l'inflexibilité de la résolution, la patience des détails, l'impétuosité d'exécution, la sagacité dans le choix des hommes : j'étais né pour fonder un état libre; mais qu'aurais-je fait à l'application de ces vertus républicaines dont personne ne voulait? J'arrivai trop tard pour prévenir la chute d'un gouvernement qui n'avait plus que le nom de république. Je dédaignais la monarchie, et je me sentais digne de l'empire : j'y suis parvenu, et j'assure aux Français les biens qui leur sont les plus chers : la gloire et l'égalité.

D'OLBREUSE.

En effet, sous votre règne, tous les Français sont égaux devant l'empereur. Quant à la gloire, aucune autre n'ose s'élever à côté de la vôtre. Chose étrange, cependant! nul général fameux ne s'est formé à votre école; la France en est encore réduite à ceux qui s'élevèrent dans les rangs de la vieille armée républicaine. Peut-être même la gloire des anciens noms s'est-elle obscurcie sous le vain éclat des titres féodaux.

NAPOLÉON.

Ne voyez-vous pas que je traitais avec les vanités de mon siècle, et qu'en récompensant par des titres de ducs, de princes, de comtes, de grands services rendus à la patrie, je détruisais, autant qu'il était en moi, le préjugé de la noblesse d'origine?

D'OLBREUSE.

Permettez-moi de vous adresser, non des reproches, mais des objections plus graves, auxquelles vous seriez peut-être plus embarrassé de répondre. On ne comptait que des Français sous les drapeaux de Valmy, de Jemmapes, de Fréjus, de Hondtschott: l'aigle de Napoléon admit sous ses ailes des auxiliaires et des mercenaires qui entrèrent en partage de notre gloire. Le jour des revers peut arriver : pouvez-vous répondre qu'alors les Français n'auront pas à combattre et l'ennemi qui leur fera face, et l'allié perfide que vous aurez placé à leur côté. Sans doute, aucun des capitaines des temps anciens et modernes ne peut se prévaloir d'aussi prodigieux succès que ceux dont vous avez étonné le monde. Alexandre, César, Annibal, Sylla, ne peuvent vous être comparés pour l'habileté des plans, pour l'impétuosité de l'attaque, pour la hardiesse et la rapidité des marches. Mais la guerre n'est pour vous que la science de la victoire, et vous craindriez d'humilier votre génie, si, dans vos gigantesques entreprises, vous supposiez la possibilité d'un revers.

Non moins grand administrateur que guerrier habile, l'habitude de commander à des soldats vous a néanmoins conduit à penser que le gouvernement représentatif n'était pas incompatible avec le régime militaire. Vos sous-préfets sont des capitaines de canton, vos préfets des colonels de départemens, commandés par un général d'administration que vous appelez ministre.

Dans les temps qui précédèrent la mort d'Alexandre, on ne pouvait arriver jusqu'à ce prince qu'après avoir traversé les flots de satrapes auxquels il avait confié la garde de sa personne. A son exemple, vous éloignez de vous les plus anciens compagnons de votre gloire ; vous vous entourez de nobles courtisans, et, si j'ose dire toute ma pensée, vous êtes descendu au niveau des vanités royales.

Entre vos puissantes mains, la France, limitée aux barrières naturelles de la Gaule, le Rhin, la mer, les Pyrénées et les Alpes, pouvait sans efforts, peut-être même sans combats, devenir, à l'abri d'un gouvernement constitutionnel, le plus florissant empire du monde. Vous ne pouviez, de long-temps encore ravir à l'Angleterre le sceptre des mers ; mais vous pouviez réduire ses flottes à promener sur l'Océan un pavillon sans gloire et des marchandises sans destination. Il était digne de vous de rétablir l'héroïque Pologne, d'affranchir l'Italie et la Grèce. Ces peuples, unis par la reconnaissance à la grande nation, assureraient aux membres de votre famille des trônes véritablement légitimes, puisqu'ils seraient fondés sur des lois et du consentement des peuples.

La réforme religieuse a suffi pour acquérir au nom de Luther une gloire impérissable. Quelle ne serait pas celle de Napoléon, fondateur de la réforme politique ! De quels moyens ne dispose-t-il pas pour opérer cette grande révolution : huit cent mille soldats français, les tributs de la moitié des états de l'Europe, et l'opinion où est le monde que rien n'est impossible à son génie. La révolution est faite dans les esprits, le règne des lois est arrivé, il suffit à Napoléon d'en avoir la pensée pour l'établir en France. La postérité dira de lui comme de César :

> Il fit tout pour la gloire et ne fit rien pour Rome :
> Ce fut la seule faute où tomba ce grand homme.

NAPOLEON.

Et moi aussi, j'invoque la postérité, et j'ose prévoir son arrêt. Elle dira que j'ai voulu composer un tout homogène des élémens et des débris divers que m'avait légués la révolution; elle dira que j'y suis parvenu, et, mieux instruite, j'ose croire qu'elle réformera plus d'un jugement contemporain.

Les querelles religieuses étaient assoupies; mais les cendres de la Vendée fumaient encore; il fallait achever de les éteindre, et le clergé se chargea de ce soin aussitôt que j'eus rendu au sacerdoce ses pompes et ses honneurs.

La fortune mit à ma disposition la force créée par l'enthousiasme républicain; mais cette force aveugle et déréglée, il fallait s'en rendre maître, et lui donner un but : je la dirigeai vers l'éclat des triomphes militaires. C'est surtout de gloire que la nation française est avide. Sous mes étendards, les Français, dans l'espace de quinze ans, ont rendu plus de champs de bataille immortels que ne peuvent en compter, en quinze siècles, les fastes de la vieille monarchie. Quant à la liberté, elle ne se donne pas, il faut la conquérir, et c'est par cette conquête que je veux terminer ma vie politique.

Vous me faites un reproche de n'avoir pas fait exercer par mes compagnons d'armes les charges du palais que j'avais rétablies; mais quel autre appât pouvais-je offrir à ces nobles que la vanité tenait éloignés du reste de la nation, et que la vanité pouvait seule ramener? J'ai rendu les habitudes des courtisans à des gens nés pour servir quelqu'un, et pour qui ce besoin satisfait est une des conditions de l'existence.

J'ai achevé avant quarante ans la plus

vaste carrière politique qu'aucun homme ait jamais parcourue. A vingt-six ans, j'avais fait la conquête de l'Italie, et détruit, avec soixante mille hommes, six armées formidables. J'étais, à trente ans, le premier magistrat de la nation la plus éclairée du globe ; bientôt après, empereur, roi, protecteur, médiateur. Si jusqu'ici j'ai moins sacrifié à la liberté qu'au pouvoir, j'ai, du moins, appris aux peuples à quelles conditions ils pouvaient s'y soumettre sans s'avilir.

Mais c'est assez faire le philosophe : je rentre dans mon rôle d'empereur, que je sais mieux, et c'est maintenant au général que je m'adresse. Il s'agit de mettre fin à cette guerre d'Espagne qui me fatigue ; je vous ai choisi pour la terminer. Vous voyez, général, que la récompense avait précédé le service que vous venez de me rendre : vous êtes nommé maréchal de l'empire, et, en cette qualité, vous allez prendre le commandement en chef de mon armée d'Espagne.

GRANGEVAL.

Sire, je suis obligé de me refuser à tant d'honneurs. J'ai la conviction que vous-même, à la tête de la plus formidable armée, vous ne parviendriez pas à maintenir la couronne d'Espagne sur la tête de votre beau-frère, et je n'aurai pas l'orgueil d'entreprendre ce que je crois au-dessus de votre génie et de vos forces.

NAPOLEON.

Savez-vous, monsieur, qu'un refus de vous rendre au poste que je vous assigne est un acte d'insubordination, dont vous avez dû prévoir les conséquences?

GRANGEVAL.

Sire, je ne recule point devant elles; ma vie entière l'atteste.

NAPOLÉON.

Général, ne faites pas, en ce moment, une application un peu trop directe de vos principes sur l'obéissance passive; j'en fais juge l'homme vénérable qui nous écoute.

D'OLBREUSE.

La guerre d'Espagne est injuste, impolitique; elle deviendra pour la France, pour l'empereur lui-même, une source intarissable de calamités. Grangeval ne doit pas accepter le commandement qui lui est offert : voilà mon avis.

NAPOLÉON.

C'est-à-dire, messieurs, que tout soldat a le droit de discuter les ordres qu'il reçoit, et de délibérer avant que d'obéir : de pareilles manières peuvent convenir aux hommes de théorie qui parlent sans cesse de résistance à l'oppression; elles ne me conviennent point, à moi, comme chef du gouvernement, encore moins comme chef suprême de l'armée. Réfléchissez-y, général: refuser le commandement que je vous offre, c'est donner votre démission.

GRANGEVAL.

Sire, vous êtes le maître d'interpréter mon refus.

NAPOLÉON.

Je ne vous pardonnerai jamais, monsieur de Grangeval, de m'avoir placé dans l'alternative de manquer de reconnaissance ou de compromettre mon autorité.

GRANGEVAL.

Je prendrai soin moi-même de justifier votre majesté en m'imposant un exil volontaire; c'est sur moi que tombera le reproche d'ingratitude.

NAPOLÉON.

Adieu, messieurs, continuons à suivre la route où nous nous sommes engagés : pressez l'affranchissement des peuples, la liberté du genre humain; moi, je vais continuer à m'occuper de la gloire et du bonheur de la France. (*Il sort.*)

SCÈNE X.

D'OLBREUSE, GRANGEVAL.

D'OLBREUSE.

Napoléon se calomnie lui-même, quand il s'accuse d'ingratitude envers vous. Pouvait-il récompenser plus dignement vos services qu'en acceptant une démission qui vous rend étranger à tous les désastres que je prévois.

GRANGEVAL.

Je le sens comme vous : quand le pouvoir veut nous associer à ses fautes, le poste de l'honnête est dans la retraite.

SCÈNE XI.

LES MÊMES, CECILE.

CÉCILE.

Eh bien! que faites-vous donc depuis deux heures enfermés dans ce cabinet? Tous vos amis s'étonnent de votre absence, et j'ai laissé ma cousine lady Sydmoore faire les honneurs en vous attendant. Fauvel assure qu'il vient de voir sortir par le jardin un petit homme qui se cachait dans son manteau.

D'OLBREUSE.

Ce petit homme est le grand Napoléon.

CÉCILE.

L'empereur! pourquoi cet entretien mystérieux?

GRANGEVAL.

Pour nous rendre un mutuel service : je

lui ai dénoncé un complot contre sa personne, et il m'a donné ma démission.

CÉCILE.

Mais il n'est bruit, au contraire, que de votre promotion au grade de maréchal de l'empire, et vos amis vous attendent en bas pour vous féliciter.

GRANGEVAL.

Il est vrai, ma chère, que l'empereur lui-même venait m'en porter la nouvelle; mais il mettait pour condition à cette faveur que j'accepterais le commandement de l'armée d'Espagne. J'ai refusé; il a cru voir dans mon refus l'offre de ma démission, et je n'ai pas cru devoir donner à mes paroles une autre interprétation.

CÉCILE.

Je suis sûre que notre ami vous approuve, et vous devez être également sûr du plaisir que me cause votre détermination.

GRANGEVAL.

Maintenant il ne nous reste plus qu'à congédier la nombreuse compagnie que nous avons rassemblée pour une fête, que les circonstances où nous nous trouvons rendraient tout-à-fait inconvenante.

CÉCILE.

Comment nous y prendre ? N'est-il pas à craindre que cette nouvelle n'échauffe les têtes, et ne devienne, parmi vos nombreux amis , le motif ou du moins le prétexte d'un soulèvement de l'opinion en faveur d'un homme dont le gouvernement redoute la popularité.

D'OLBREUSE.

Mon enfant, vous faites beaucoup trop d'honneur à cette foule d'amis dont vous craignez l'enthousiasme. Laissez-moi seulement le soin de leur annoncer l'événement, et vous verrez si vous avez besoin de beaucoup d'efforts pour les déterminer à la retraite.

SCÈNE XII.

FAVEUR ET DISGRACE.

(Le théâtre représente un magnifique salon de compagnie donnant sur une grande galerie disposée pour un bal.)

LE COMMANDEUR DE SOMBREVAL, LE MARQUIS ET LA MARQUISE DE SOMBREVAL, LE GÉNÉRAL BARREAU, FAUVEL, MADAME LA COMTESSE DE BARREAU, MONTREMBLET, LE CHEVALIER DE FREMENVILLE, MADAME DE SESANE, LADY SYDMOORE, PERSONNAGES MUETS DE L'UN ET DE L'AUTRE SEXE.

(Les hommes sont debout derrière les femmes, ou distribués en groupes autour d'elles ou dans les autres appartemens.)

MADAME DE SOMBREVAL, *à madame de Sésane.*

J'espère bien, madame, que le bal où nous invite votre noble cousine fera la critique de ces pêles-mêles que l'on nous donne depuis si long-temps, sous le nom, aussi ridicule que la chose elle-même, de *soirée dansante*. Nous allons voir, enfin, une fête de bonne compagnie.

MADAME DE SESANE.

D'excellente compagnie, madame; vous y trouverez les femmes les plus aimables et les hommes les plus braves de l'Europe.

MADAME DE SOMBREVAL, *bas au Commandeur*.

C'est-à-dire l'élite des parvenus.

LE COMMANDEUR DE SOMBREVAL.

Soyez tranquille, vous n'y manquerez pas de nobles. Ecoutez seulement le valet de chambre qui annonce, et vous verrez qu'excepté vous et moi, madame la marquise, tout ce monde-là aura des titres.

LE GÉNÉRAL BARREAU, *à Fremenville*.

Le général se fait bien attendre!

FREMENVILLE.

Il me semble que j'ai vu entrer le grand-maréchal du palais.

LE GÉNÉRAL BARREAU.

Peut-être est-il venu lui apporter le bâton de maréchal de l'empire. Sa nomination paraît sûre ; on en parlait hier à la cour.... Mais je ne me trompe pas.... (*au marquis de Sombreval*) c'est monsieur de Sombreval ! On sera d'autant plus content de revoir en France l'ami du comte de Lille, que c'est la dernière personne qu'on y attendait.

LE MARQUIS.

Pourquoi cela, général ? Mon frère et moi, nous avions juré de n'y rentrer qu'avec le pouvoir absolu : il est de retour, et nous voilà.

LE GÉNÉRAL BARREAU.

Peut-être vous êtes-vous un peu pressé ; en tous cas, ce n'est pas à vos amis à s'en plaindre.

LE CHEVALIER DE FREMENVILLE. *à madame de Sésane.*

Pourquoi ne m'a-t-on pas prévenu vingt-quatre heures plus tôt de la fête que l'on voulait donner au général? J'y aurais ajouté une petite comédie-vaudeville, et je n'aurais pas été réduit à improviser quelques couplets qui trouveront leur à-propos au dessert.

MADAME DE SESANE.

Mais, monsieur de Fremenville, nous n'avons pas de souper.

FREMENVILLE.

Eh bien! je les ferai servir avec les glaces.

FAUVEL.

Parbleu! monsieur le chevalier, vous devriez bien faire imprimer tous les couplets de fêtes que vous improvisez depuis vingt-cinq ans; cela ferait une belle collection.

MONTREMBLET, *bas*.

Moins volumineuse que vous pourriez le croire; car il n'a eu, le plus souvent, que les noms propres à changer.

LE COMMANDEUR, *au général Barreau.*

Ce n'est pas à vous que j'apprendrai ce qui se passe du côté de Bayonne. En vérité, votre héros commence à perdre la tête.

LE GÉNÉRAL BARREAU.

Entre nous, je ne suis pas éloigné de croire qu'il a remis en question les destinées de la France et les siennes, le jour où il s'est mis en tête de jeter ses frères sur tous les trônes de l'Europe; mais cet homme extraordinaire nous a si bien familiarisés avec les prodiges, qu'il faut craindre de le juger d'après les règles de la sagesse humaine.

LE CHEVALIER DE FREMENVILLE.

L'occupation de l'Espagne était la conséquence immédiate de son système de blocus continental, la plus haute conception de l'esprit humain. (J'ai fait des couplets là-dessus.) Point de paix possible, tant que la perfide Albion pourra mettre pied à terre hors de son île : en lui fermant la péninsule, Napoléon l'exclut à jamais du continent européen.

LE COMMANDEUR.

En supposant que notre frère Alexandre reste fidèle au traité de Tilsitt.

LE GÉNÉRAL BARREAU.

S'il oubliait sa promesse, nous sommes gens à aller l'en faire souvenir à Pétersbourg.

LE MARQUIS DE SOMBREVAL.

Il y a bien loin d'ici là! et nos Français ont le sang bien chaud pour un pays si froid!

MADAME DE SÉSANE.

Allons, monsieur de Fremenville, descendez des hauteurs de la politique; ce n'est pas là votre élément : donnez-nous des nouvelles.

LE CHEVALIER DE FRÉMENVILLE.

Je n'en sais pas, car je suppose que ces dames sont instruites d'un changement dans le ministère : Courbevel est nommé.

FAUVEL.

Excellent choix de circonstance! Un homme qui a trouvé le moyen d'échapper à la haine qu'on lui porte par le mépris qu'il inspire.

LE GÉNÉRAL BARREAU.

Je crois être mieux informé : c'est à Frimont que l'on pense.

FAUVEL.

Je parierais pour celui-là : médiocre de talens, de cœur et de figure, il a fait son chemin à la cour entre deux réputations.

LE CHEVALIER DE FREMENVILLE.

J'en aimerais mieux un troisième : Durcourt, par exemple; il a de l'esprit, de l'aplomb, et tourne agréablement le couplet.

FAUVEL.

Ce n'est pas précisément un sot, un fat, un insolent; c'est tout simplement un faquin. Je m'étonne d'une chose, c'est qu'on n'ait pas encore songé à vous, monsieur de Fremenville.

LE CHEVALIER DE FREMENVILLE.

Dieu m'en préserve! je ne suis rien, et je m'en trouve à merveille. Si jamais j'arrive aux grands emplois (*Regardant madame de Sésane*), c'est que les grâces en disposeront.

MADAME DE SÉSANE, *avec humeur.*

Vous croyez donc que les grâces sont aveugles comme la fortune.

FAUVEL.

A propos de grâces! qui de vous, mesdames, était ce matin au Bois de Boulogne?

MADAME DE BARREAU

Je m'y suis promenée deux heures avec le général.

FAUVEL.

Et vous n'avez pas remarqué l'immense baronne de Villeneuve.

FREMENVILLE.

Si fait, moi, avec son coupé vert-pomme et ses armes du mois dernier, qui tiennent toute la largeur des panneaux de sa voiture; c'est bien la plus drôle de caricature!

MADAME DE SÉSANE.

Elle est plus folle que ridicule!

FREMENVILLE.

Oh! vous exagérez, madame.

MADAME DE BARREAU.

Je connais à Paris quelque chose de plus grotesque que la baronne; c'est la Nina-Vernon du Parquet, la longue sœur du procureur impérial Sarnet; croiriez-vous qu'elle ne quitte pas le manége de Sourdis!

MADAME DE SÉSANE.

A quarante-cinq ans, elle apprend à monter à cheval!

SOMBREVAL.

Après qui veut-elle courir?

FAUVEL.

Fremenville pourrait nous l'apprendre.

FREMENVILLE.

Tout ce que je puis dire, c'est qu'elle ne m'attrapera pas.

SCÈNE XIII.

LE BAL MANQUÉ.

LES MÊMES, GRANGEVAL, CECILE, D'OLBREUSE.

(Tout le monde se lève et se presse autour du général pour le complimenter.)

GRANGEVAL.

Mille pardons de m'être fait si long-temps attendre ; mais une circonstance sur laquelle je ne comptais pas...

LE GÉNÉRAL BARREAU.

Vous étiez donc le seul en France, monsieur le maréchal, qui ne comptiez pas sur un honneur qu'on vous a fait trop long-temps attendre?

D'OLBREUSE.

Mesdames et messieurs, ce n'est pas le tout de se livrer au plaisir, encore faut-il savoir pourquoi l'on s'amuse, et de quoi l'on se réjouit. Vous avez été invités à la fête de la gloire; depuis un moment l'objet en est changé, c'est la fête de la liberté qui nous réunit : Cincinnatus a donné sa démission, et dès demain il retourne à sa charrue.

FREMENVILLE, *à Fauvel.*

C'est une disgrâce complète, on devait s'y attendre.

LE GÉNÉRAL BARREAU, *à sa femme.*

Cela ne pouvait pas finir autrement, Grangeval est un frondeur impitoyable.

FAUVEL, *à madame de Sésane.*

Comment pouvait-on espérer que ces deux hommes là s'entendissent jamais : l'un veut tout le pouvoir, l'autre toute la liberté.

LE COMMANDEUR, *au marquis de Sombreval.*

C'était entre eux un duel à mort; je ne suis fâché que d'une chose, c'est qu'ils n'aient pas fait coup fourré.

GRANGEVAL.

Vous voyez, mes amis, que cette disgrâce, comme l'appelle fort improprement monsieur de Fremenville, nous afflige si peu que ma femme ne pense pas qu'elle doive interrompre nos plaisirs.

LE GÉNÉRAL BARREAU, *bas à sa femme.*

Soyez sûre que le ministre de la police va envoyer quelqu'un ici pour dresser une liste des amis du général.

MADAME DE BARREAU.

Hâtons-nous de sortir.

GRANGEVAL.

Eh quoi! vous nous quittez, mon cher comte?

LE GÉNÉRAL BARREAU.

Il y aurait de l'inconvenance, mon général, à vous importuner dans un pareil moment.

D'OLBREUSE, *bas à Grangeval.*

C'est de l'imprudence qu'il veut dire. (*Il lui fait remarquer combien de personnes sont déjà sorties.*)

MADAME DE SESANE.

Monsieur de Fremenville, attendez du moins les glaces ; vous nous avez promis des couplets.

FREMENVILLE.

J'ai besoin d'y faire quelques petits changemens. Je reviens à l'instant. (*Il sort.*)

LE COMMANDEUR, *à Grangeval.*

Vous voyez, mon cher général, ce que c'est que votre noblesse de l'empire. Ce n'est pas ainsi que se sont conduits les nobles amis de M. de Choiseul, en pareille circonstance. (*Il sort avec le marquis.*)

GRANGEVAL.

Le cher commandeur les blâme, et fait comme eux.

SCÈNE XIV.

GRANGEVAL, CÉCILE, MADAME DE SESANE, D'OLBREUSE, LADY SYDMOORE, FAUVEL.

CECILE, *à lady Sydmoore et à Fauvel.*

Eh quoi! vous restez! Vous ne voyez donc pas qu'il n'y a plus assez de monde pour former une seule contredanse?

LADY SYDMOORE.

Je reste, ma cousine, pour vous engager à me suivre en Angleterre, où je retourne dès demain, de peur qu'il ne prenne fantaisie au grand homme de me faire arrêter comme femme d'un Anglais.

CÉCILE.

Non, ma cousine; mon mari et moi, nous sommes décidés à ne plus quitter la France.

MADAME DE SÉSANE.

Il est vrai, maintenant, que l'espace est vaste, et que vous pouvez aller loin sans en sortir.

FAUVEL.

Et cependant, calembourg à part, il n'y a qu'un pas jusqu'à Londres.

GRANGEVAL.

Nous ne consentirons jamais à le franchir.

LADY SYDMOORE.

Ainsi, vous croyez qu'il vaut mieux vivre sous un despote que dans un gouvernement libre.

D'OLBREUSE.

Oui, madame, nous pensons qu'il vaudrait mieux vivre en France dans les fers, en présence des échafauds même, que chez les ennemis de son pays.

LADY SYDMOORE.

Grand bien vous fasse, mes chers parens!

Je vous laisse dans votre belle patrie, et je vous promets bien de n'y revenir que sous bonne escorte.

D'OLBREUSE.

Vous ne connaissez pas encore, madame, tous les liens qui devraient vous y attacher; je ne tarderai pas à vous en instruire.

(*Lady Sydmoore sort.*)

MADAME DE SESANE.

Moi, mon amie, je n'ai pas besoin de vous dire que je vous suis dans quelque lieu où vous alliez.

FAUVEL.

Et moi, je vous demanderai la permission de vous accompagner jusqu'au terme de votre voyage.

GRANGEVAL.

Peut-être, monsieur, contractez-vous un engagement plus long que vous ne pensez. En attendant, allons prendre quelques heures de repos. (*Il sonne, Gilbert paraît.*) Six chevaux de poste à la berline. Va faire nos paquets et les tiens; demain à six heures, nous sommes sur la grande route.

GILBERT.

Sur la grande route d'Espagne?

D'OLBREUSE.

Non, des Bruyères.

GILBERT.

J'aime mieux cela.

FIN DE LA QUATRIÈME ÉPOQUE.

CINQUIÈME ÉPOQUE.

LA RESTAURATION.

PERSONNAGES

NOUVEAUX

DE LA CINQUIEME EPOQUE.

Le père BONNIVET.

Le marquis de la BOURDILIÈRE.

La marquise de la BOURDILIÈRE.

Madame de GRANCOUR.

La chanoinesse de SORÈZE.

M. de FREMENVILLE.

Félicie, } filles du général.
MARIE, }

ARMAND DE GRANGEVAL, fils du général.

CINQUIÈME ÉPOQUE.

LA RESTAURATION.

SCÈNE PREMIÈRE.

LA CONFÉRENCE.

(La scène est dans une salle gothique du château de lady Sydmoore, décorée d'emblèmes religieux.)

LADY SYDMOORE, LE MARQUIS DE SOMBREVAL, LE PERE BONNIVET, LE MARQUIS DE LA BOURDILLIERE, BOUCHENCOUR, MONTREMBLET, MESDAMES DE GRANCOUR, DE SOMBREVAL, LA CHANOINESSE DE SOREZE.

MYLADY.

Mesdames, nous pouvons prendre place ; le vénérable père Bonnivet, arrivé hier soir au château, ne tardera pas à paraître. J'ai exigé que sa révérence se livrât au repos dont il a tant besoin, et qu'aujourd'hui, du moins, nos conférences ne s'ouvrissent qu'à midi : en attendant, nous allons entendre le rapport de monsieur le vidame de Chartres.

LE MARQUIS.

Permettez-moi, milady, de réclamer d'abord contre le titre que vous me donnez : le temps y a mis prescription; et, quelque zèle qui nous anime, il est nécessaire de mettre des bornes à nos vœux rétrogrades. N'oublions pas qu'il a été convenu que nous nous arrêterions au rétablissement de la belle monarchie de Louis XIV; n'allons pas au-delà, je vous prie. Le titre de vidame est tout-à-fait suranné; je le laisse à mes aïeux du seizième siècle, et je me contente, pour le moment, de celui de marquis, que porte, depuis plus d'un siècle, l'aîné de la famille de Bourdillière : cela dit, venons à mon rapport; peu de mots y suffiront. Nous triomphons sur tous les points : le midi est en feu; le nord s'échauffe; les paroisses de l'ouest s'organisent, et les agens provocateurs nous répondent des provinces de l'est.

LE COMMANDEUR.

On parle de massacres à Nîmes, à Marseille; j'aurais voulu que cela se passât plus doucement.

LA CHANOINESSE.

Monsieur le commandeur de Sombreval voudrait peut-être qu'on lui fît une restauration à l'eau rose.

LE COMMANDEUR.

Non, madame la chanoisse de Sorèze, mais j'aimerais autant, je vous avoue, que l'on employât, pour rétablir la monarchie, des formes moins acerbes que celles dont les jacobins ont fait usage pour la détruire.

LE CONSEILLER.

Point de sang! proscrivons, mais n'égorgeons pas; je suis pour la modération; à moins pourtant que les circonstances...

LA CHANOINESSE.

Eh! bien, monsieur le modérateur, ces circonstances sont justement celles où nous sommes, et quiconque en juge différemment n'est pas ici à sa place.

LE CONSEILLER.

Madame la chanoinesse a raison : point de demi-mesure, main-basse indifféremment sur tout ce qui n'appartient pas à notre sainte congrégation.

DE LA BOURDILLIÈRE.

Eh! non, monsieur le conseiller actuel du feu roi de Pologne, vous vous jetez d'un extrême dans un autre; sans doute, il faut proscrire, mais avec discernement, et jamais en masse. J'ai imaginé un système de cathégories que j'ai déjà soumis à mylady et au père Bonnivet, et qui conciliera, j'espère, tous les intérêts.

MYLADY.

Je ne connais rien de plus ingénieux que les catégories de monsieur le marquis de la Bourdillière ; toute la France révolutionnaire s'y trouve condamnée, sous la forme d'amnistie générale, sans qu'il y ait une goutte de sang répandue ; c'est admirable !

MADAME DE LA BOURDILLIÈRE.

Permettez, mylady, l'engagement que j'ai pris n'est pas aussi formel ; j'aurai besoin de quelques douzaines de têtes par département.

LA CHANOINESSE.

Quand on songe que vous opérez sur trente-quatre millions de têtes mal pensantes, quelques douzaines de plus ou de moins ne sont qu'une fraction imperceptible dans cet immense calcul.

MYLADY.

Mesdames, je vous annonce sa révérence.

(Toutes ces dames se lèvent et courent au-devant du père Bonnivet.)

SCENE II.

LES MÊMES, LE PÈRE ABBÉ BONNIVET.

TOUTES.

Bonjour, mon cher, mon bon, mon aimable révérend, comment avez-vous passé la nuit ?

LE PÈRE.

Fort bien, mesdames, fort bien !

MYLADY.

J'espère que votre sommeil n'a pas été troublé. J'avais ordonné que personne ne passât par votre corridor avant midi.

BOUCHENCOUR.

J'étais chargé du poste, personne n'a enfreint la consigne.

LA CHANOINESSE.

Excepté madame de Grandcour, qui ne s'en est pas fait faute, je vous en assure.

BOUCHENCOUR.

C'est donc pendant que je faisais moi-même le chocolat de sa révérence.

MADAME DE GRANDCOUR.

Il est vrai, madame, que j'ai été ce matin, sur la pointe du pied, jusqu'à la porte de sa révérence, pour épier son réveil, et m'informer de tout ce dont elle pouvait avoir besoin.

MYLADY.

Pensez-vous, madame, qu'on n'y ait pas pourvu?

LE PÈRE.

Pourquoi madame de Grancour n'avouerait-elle pas qu'elle tenait à recevoir la première ma bénédiction?

LA CHANOINESSE.

Il me semble, mon père, que j'avais des droits plus anciens à cette faveur.

LE PÈRE.

Vous êtes depuis long-temps dans la bonne voie; et madame de Grancour ne fait que d'y entrer; mais laissons ces questions accessoires de salut personnel, et occupons-nous exclusivement des intérêts de l'autel et et du trône.

MYLADY.

Oui, madame, voilà l'objet unique de cette réunion.

LE PÈRE.

Les choses vont bien, très-bien; il eût été à souhaiter peut-être qu'on eût mis plus de scrupule dans le choix des ouvriers qui travaillent le plus activement à la vigne du Seigneur; mais

Qu'importe de quels bras Dieu daigne se servir.

Forcez-les d'entrer, a dit le divin Législateur, sans s'expliquer sur la nature des moyens de contrainte ; il faut employer, à chaque siècle, ses instrumens. On n'a pas toujours des Tavanes, des Besmes, des Clément à ses ordres ; et, après tout, les Chatel, les Barrière, les Ravaillac, n'étaient pas plus nobles que les Pointus, les Truphemy et les Trestaillon. Prenez bien garde, mesdames, que je ne veux point me faire ici l'apologiste de ces hommes de sang, qu'on pourrait tout au plus justifier sur l'intention. Quoi qu'il en soit, je dois déclarer que notre sainte congrégation, dont vous faites partie, ne procède, autant qu'il est en elle, que par voie d'indulgence et de persuasion, et qu'elle n'a recours qu'à la dernière extrémité à ces rigueurs salutaires qui répugnent à son caractère de mansuétude et de bénignité. Le père Bossu m'a rendu un compte très-satisfaisant des trois grandes provinces dont il a la direction : nos missionnaires ont porté les esprits au degré d'exaltation que messieurs les philosophes croient flétrir du nom de fanatisme. Les plantations de croix ont fait merveille, et le triomphe de la bonne cause est assuré, si les *notes secrètes* sont accueillies par la sainte alliance comme elles méritent de l'être. Je n'ai encore rien de positif à vous apprendre sur le résultat de cette importante négociation du gouvernement oculte; mais le choix de son ambassadeur, auquel chacun de vous a contribué, vous est un sûr garant du succès d'une transaction à laquelle sont attachées les destinées de la théocratie absolue. Voilà le but; mais, pour l'atteindre, nous devons nous défier également de la tiédeur et des emportemens d'un zèle maladroit : souvenons-nous bien que le le temps n'est pas encore venu de séparer ouvertement les intérêts de l'église et ceux du trône. Toutes nos attaques doivent être dirigées sur un seul point, sur cette ordonnance de réforme qu'on a si imprudemment dénoncée sous le nom de Charte, et dont le résultat le plus infaillible serait d'émanciper à la fois le peuple et le monarque. On se tromperait étrangement, si, faisant acception du temps et des exigeances d'époque, on allait s'imaginer que le rôle de missionnaire est aussi facile à jouer aujourd'hui qu'autrefois. Sans remonter plus haut, sous Louis XIV, et parlant à lui-même, l'évêque de Nîmes annonçait que hors l'église catholique il n'y avait point de trône légitime, et, par conséquent, qu'à l'exception de quatre ou cinq, tous les rois de la terre étaient des usurpateurs. Voilà de ces vérités incontestables. Eh bien! il serait au moins imprudent de les proclamer en présence des monarques hérétiques de Russie, de Prusse et d'Angleterre; chaque chose en son temps, mes frères.

UN VALET DE CHAMBRE, *entrant.*

Mademoiselle Félicie demande si elle peut descendre.

MYLADY.

Je la ferai prévenir. (*A la société.*) C'est une jeune personne de mes parentes que je dois présenter ce matin à monsieur l'abbé; elle est si timide que, depuis quinze jours qu'elle est au château, je n'ai pu obtenir qu'elle descendît une seule fois au salon.

LA CHANOINESSE.

Nous allons donc vous laisser seuls; si ces dames veulent me suivre, je leur communiquerai les dernières instructions aux robes courtes que j'ai reçues directement du père général. Mylady, nous allons dans votre oratoire.

MYLADY.

Je vous y rejoins.

SCÈNE III.

MYLADY, L'ABBÉ.

MYLADY.

Encore un ange sauvé des embûches du démon !

L'ABBÉ.

De qui s'agit-il.

MYLADY.

De la plus jeune fille d'un homme dont j'ai le malheur d'être parente, du marquis de Grangeval, puisqu'il faut l'appeler par son nom. Vous vous souvenez qu'au moment de votre départ, vous m'aviez imposé la tâche sérieuse d'achever la conversion de la jeune Félicie que vous avez rencontrée chez moi... Eh bien, je l'ai remplie cette fois au-delà de mes espérances et des vôtres... La petite est à nous, et vous jugerez de l'ascendant que j'ai pris sur elle, lorsque je vous dirai que Félicie tremble à l'idée de retourner chez sa mère, qu'elle aime cependant avec idolâtrie.

L'ABBÉ.

Si elle sort d'ici, tous vos soins sont perdus.

MYLADY.

Elle est prête à faire entre vos mains la promesse de renoncer au monde.

L'ABBÉ.

Je vous le répète; si elle sort d'ici, elle nous échappe sans retour : ma correspondance avec le conseiller Bouchencour me tient informé de tout ce qui se passe au château de Grangeval, où se font, en ce moment, les préparatifs du mariage de Félicie avec l'avocat Fauvel, apprentif publiciste de la façon du général, et qu'il destine à jouer un rôle dans l'utopie républicaine qu'il rêve encore.

MYLADY.

Mais Félicie renonce au mariage.

L'ABBÉ.

On vient la chercher demain, et elle sera mariée dans huit jours; c'est moi qui vous le dis.

MYLADY.

Comment donc faire?

L'ABBÉ.

La décider, aujourd'hui même, à entrer dans une maison religieuse. N'avez-vous pas dans votre voisinage un couvent sous l'invocation du *Sacré-Cœur*?

MYLADY.

La supérieure est mon amie.

L'ABBÉ.

Ignorez-vous que c'est moi qui l'ai fait

placer à la tête de cet établissement, dont je suis le directeur?..

MYLADY.

Voici la jeune néophyte, c'est à vous d'achever mon ouvrage.

SCÈNE IV.

LA SÉDUCTION.

LES MÊMES, FÉLICIE.

MYLADY.

Approchez, Félicie, et jouissez du bonheur dont vous êtes bien digne : le saint homme que vous avez devant vous, est le vénérable père Bonivet dont je vous ai si souvent entretenue.

FÉLICIE.

Monsieur....

L'ABBÉ.

Appelez-moi votre père : ce titre ne doit appartenir qu'à celui qui nous donne la vie céleste.

FÉLICIE.

Mon père, c'est une faveur dont je sens tout le prix, que l'occasion qui m'est offerte de vous soumettre les doutes dont mon esprit est encore tourmenté! Élevée sous les yeux de la mère la plus tendre, d'un père objet de mon pieux attachement, j'avais cru jusqu'ici pouvoir concilier les douces affections de la nature avec les sentimens religieux dont mon cœur est rempli; mais le vénérable chapelain de ce château, qui m'a entendue au tribunal de la pénitence, m'a si bien convaincue de l'impossibilité de faire mon salut au milieu des vanités du monde où doit s'écouler ma vie, que, sans la crainte d'affliger ma mère, j'irais ensevelir mes jours parmi les vierges du Seigneur.

L'ABBÉ.

Dieu nous ordonne d'honorer nos parens pour vivre longuement sur la terre; mais il nous prescrit aussi de les quitter pour le suivre et pour mériter la vie éternelle. C'est donc à vous d'interroger votre cœur : y sentez-vous dominer les affections terrestres? rentrez au sein de votre famille, subissez le joug de l'hymen, et cultivez les vertus vulgaires, au-dessus desquelles il ne vous est pas permis de vous élever. Mais si l'ange de sainte Thérèse vous est apparu, si votre âme, épurée aux rayons de l'amour divin, et recueillie dans une sainte extase, s'y enivre des célestes béatitudes, fuyez le monde, ma chère fille, renoncez à des vœux profanes, et préparez-vous, dans la retraite, à devenir l'épouse de Jésus-Christ.

FÉLICIE.

Le ciel m'est témoin que je n'ai pas une autre pensée, que je ne forme aucun autre désir.

L'ABBÉ.

Et cependant vous retournez demain dans votre famille, où se font les préparatifs de votre mariage.

MYLADY.

Et quel mariage encore! un homme du peuple!

FÉLICIE.

M. Fauvel, quoique bien jeune encore, s'est déjà fait un nom illustre.

MYLADY.

On ne se fait point un nom, mademoiselle : on le reçoit de ses aïeux; et il fallait une révolution monstrueuse comme celle que nous avons subie pour que le fils d'un chétif garde-note d'une petite ville de province songeât à s'allier à une des premières familles de l'Europe.

L'ABBÉ.

Une pareille alliance, toute ignoble qu'elle est, n'est qu'un contre-sens politique dans une monarchie comme la nôtre ; mais comment soutenir l'idée d'une descendante des Guise, de ces princes lorrains martyrs de la foi catholique, abjurant sa religion et sa race pour s'unir, par les liens d'un hymen sacrilége, avec l'ennemi de Dieu.... avec un homme dont le père a siégé dans l'Assemblée dite nationale, dans ce Pandœmonium où l'enfer tout entier s'était donné rendez-vous pour écraser le trône de saint Louis sous les débris de l'autel du Dieu vivant? Malheureuse Félicie! dans quel abîme allez-vous tomber! Je frémis pour vous en songeant que la justice éternelle poursuit dans les enfans les crimes de leurs pères...

FÉLICIE.

Homme de Dieu, sauvez-moi, sauvez-moi! j'embrasse vos genoux.

L'ABBÉ, *la relevant.*

Ma fille, c'est Dieu qu'il faut prier; c'est à lui seul qu'il faut avoir recours.

FÉLICIE.

Ordonnez; que dois-je faire?

MYLADY.

Serez-vous insensible à ses larmes et à ma prière? Vous seul pouvez ouvrir à Félicie l'asile pieux que vous avez fondé, et dans lequel plusieurs nobles orphelines ont déjà trouvé, par vos soins, un inviolable refuge.

L'ABBÉ.

Puis-je m'exposer de nouveau, et m'entendre accuser de rapt et de séduction par d'injustes parens? Non, mylady.... C'est à vous qu'il convient de conduire votre jeune parente dans la maison du Seigneur, où elle peut se soustraire à l'autorité paternelle. J'ai dû lui montrer la voie du salut; mais c'est de son propre mouvement qu'elle doit y entrer.

FÉLICIE.

Partons, madame; je suis prête à vous suivre.

L'ABBÉ.

Allez en paix, ma fille; l'ange des saintes amours va proclamer votre nom dans les demeures célestes.

SCENE V.

LE PRESSENTIMENT.

(Le théâtre change et représente une salle du château des Bruyères.)

D'OLBREUSE, GILBERT.

D'OLBREUSE.

Doucement, mon ami! tu me fais courir comme un Basque; tu t'imagines peut-être que j'ai encore soixante ans.

GILBERT *l'aidant à s'asseoir dans un grand fauteuil.*

Ma foi, monsieur, aux jambes près, vous êtes un des plus jeunes de la maison.

D'OLBREUSE.

Il est vrai que les extrêmes se touchent ; je m'aperçois que je reviens à l'enfance. (*Il s'assied.*) Maintenant, mon ami, approche-moi cette table où sont les journaux : j'en lirai quelque chose avant l'arrivée de Charnencey et du commandeur de Sombreval, que le général doit m'amener ce matin.

GILBERT.

J'ai connu le premier dans ma jeunesse ; c'est un bien brave homme ; quant au commandeur...

D'OLBREUSE.

Celui-ci est un homme de qualité, l'autre un homme qui a des qualités.

GILBERT.

J'entends.

D'OLBREUSE.

Charnencey n'a quitté la France qu'après le 10 Auguste : fidèle à ses attachemens et à ses principes, il est resté sur la terre étrangère jusqu'au jour où les événemens politiques ont replacé sur le trône un prince qu'il aimait, et dont il voulut partager l'exil. Le commandeur, c'est bien différent : ce Turenne de l'OEil-de-Bœuf, qui n'avait de sa vie entendu d'autre canon que celui des Invalides, se trouva le premier au rendez-vous de Coblentz, où il vit tout-à-coup sa valeur enchaînée par une attaque de goutte qui ne dura pas moins de sept ans ; mais il guérit tout à point pour venir assister au couronnement de l'empereur Napoléon, à la cour duquel il finit par obtenir une place de chambellan, qu'il exerça avec honneur et fidélité jusqu'à la bataille de Leipsick. A cette époque, son amour pour le roi légitime se réveilla en sursaut ; il conspira ouvertement contre l'usurpateur, dont il n'avait plus rien à attendre ni à craindre, et parvint à se faire passer pour un des héros de la restauration.

GILBERT.

Et vous ne craignez pas, monsieur, que cet homme de qualité, sans qualités, ne vous joue quelque mauvais tour?

D'OLBREUSE.

Mon Dieu! non. Le commandeur n'est pas un méchant homme, et si l'on parvient jamais à lui prouver que le sang qui coule dans ses nobles veines est de même nature que celui qui anime le dernier de ses laquais, on pourra le compter parmi les gens d'esprit qui n'ont pas le sens commun... (*Il prend un journal.*) «Le roi, après la messe, est parti pour la chasse.» Belle nouvelle! en verité... A propos de chasse! à quelle heure nos jeunes gens en reviendront-ils?

GILBERT.

Ils chassent à courre, et il est possible que le cerf les mène loin; mais fiez-vous à monsieur Fauvel pour en finir le plus tôt possible ; il sait que mademoiselle Félicie revient aujourd'hui de chez sa tante...

D'OLBREUSE.

J'ai presqu'autant d'envie de la voir arriver que son jeune amoureux !... Quoi qu'il en soit, ce n'est pas ma faute si on l'a laissée partir.

GILBERT.

Mylady Sydmoore va faire un voyage en Italie ; elle ne sera point ici pour le mariage de mademoiselle, et elle a désiré que sa nièce allât passer quelques jours auprès d'elle.

D'OLBREUSE.

Quelques jours ! voilà un mois qu'elle est partie...On sait que mylady voit ce mariage de très-mauvais œil !... La petite fille d'une altesse sérénissime épouser un avocat protestant!... Je connais la dame, elle est orgueilleuse, ultra et dévote ; je ne serai tranquille que lorque je verrai Félicie.

GILBERT.

En attendant, voici messieurs de Sombreval et de Charnencey. (*Il sort.*)

SCÈNE VI.

L'HOMME A PRINCIPES.

GRANGEVAL, D'OLBREUSE, CHARNENCEY, LE COMMANDEUR BARON DE SOMBREVAL.

CHARNENCEY *à d'Olbreuse.*

Eh! bonjour, mon vieil ami.

D'OLBREUSE.

Pardon, messieurs, si je ne me lève pas pour vous recevoir; mais il y a si long-temps que mes jambes font le service, qu'elles commencent à s'y refuser.

CHARNENCEY.

D'honneur, mon cher d'Olbreuse, je ne vous trouve pas vieilli.

D'OLBREUSE.

Je le crois bien : on ne vieillit plus à mon âge, on fait mieux. Mais, comme disait Fontenelle, n'avertissons pas le Temps qu'il m'oublie.

GRANGEVAL.

Mon ami, vous connaissiez déjà mon cousin le commandeur de Sombreval : vous l'avez vu chambellan et baron de l'empereur; le voilà gentilhomme de la chambre du roi, et toujours le zélé défenseur de l'autel et du trône.

LE COMMANDEUR.

Toujours!.... Je puis changer de maîtres, mais jamais de principes.

D'OLBREUSE, *regardant la croix de Saint-Louis.*

Vous avez changé de croix, à ce qu'il me paraît, monsieur le commandeur?

LE COMMANDEUR.

Non; j'en ai pris une seconde le jour de

l'entrée du roi. Il me manquait encore douze ou quinze ans quand la révolution a commencé; mais, en me comptant doubles les campagnes de l'émigration, je me suis trouvé beaucoup plus de temps qu'il ne m'en fallait.

D'OLBREUSE.

Quoi de plus simple? Vous auriez eu la croix de Saint-Louis, si vous n'aviez pas été chevalier de Malte, et s'il n'y avait pas eu de révolution; or, il est prouvé, par ordonnance, qu'il n'y a pas eu de révolution: donc, vous devez avoir la croix de Saint-Louis.

SOMBREVAL.

C'est ce que je leur dis tous les jours. Eh bien! croyez-vous qu'ils se font tirer l'oreille pour m'expédier mon brevet?

GRANGEVAL.

Je vous quitte un moment, et je reviens avec ces dames.

SCÈNE VII.

LES MÊMES, moins le général.

D'OLBREUSE.

Et vous, comte de Chernencey, comment vous trouvez-vous à Paris ?

LE COMTE.

Comme le Scythe Babouc au milieu de Persépolis; je n'y reconnais plus rien : hommes et choses, tout est changé. Je parle : c'est tout au plus si l'on m'entend. C'est une bigarrure de langage, de mœurs, de costumes : on s'y perd. Votre Paris moderne me donne l'idée de ces vastes bazars de l'Orient, où l'on voit des échantillons de tous les peuples du monde.

D'OLBREUSE.

Comparaison d'autant plus juste qu'on

trouve ici, comme là-bas, force gens à vendre.

LE COMMANDEUR.

Ah! oui, les honnêtes gens y sont bien chers!

D'OLBREUSE.

Avant d'être de votre avis, monsieur, encore faudrait-il savoir ce que vous entendez par ce mot, honnêtes gens : car je vous déclare que si Dieu continue à me prêter vie, je me propose, sous ce titre d'*honnêtes gens*, de faire l'histoire de tous les fripons, de tous les sots, de tous les intrigans qui désolent la France depuis une quarantaine d'années.

LE COMMANDEUR.

Vous ferez grâce, au moins, à ceux qui l'ont quittée les premiers.

D'OLBREUSE.

Non pas; à très-peu d'exceptions près, je les mettrai en tête de ma liste.

LE COMTE.

Pour moi, je ne suis encore frappé, dans ce vaste tableau, que de la bizarrerie et du contraste des figures. Les habits sont de tous les lieux, de tous les temps : vous trouvez dans le même salon des hommes en perruques à la brigadière, à la titus, à l'oiseau royal; des fracs, des habits brodés; des culottes courtes, des pantalons, des bottes, des guêtres; des militaires en vestes de chasse, en uniformes de fantaisie; des croix, des plaques, des clés, des médailles, des rubans à toutes les boutonnières; des femmes en vertugadins, en pouffes, en bonnets, en chapeaux de toutes les formes; en robes à queue, sans queue, longues, courtes, échancrées par-devant, échancrées par-derrière, à gimpe, à fraise, à pèlerine, à schall; en un mot, une macédoine de modes, d'ajustemens, où chaque siècle, depuis Charlemagne, pourrait réclamer quelque chose.

D'OLBREUSE.

Même bigarure dans les opinions politiques : l'un veut des lois, l'autre veut des ordonnances; celui-ci, après la plus terrible expérience, n'est pas encore dégoûté des douceurs de la république ; celui-là ne voit de gloire que dans le gouvernement du sabre; cet autre ne rêve le bonheur qu'au sein d'une belle et bonne monarchie absolue.

LE COMMANDEUR.

Et cet autre à raison, car il pense comme moi. L'ancien pied, morbleu! l'ancien pied, sans quoi rien ne marchera.

D'OLBREUSE.

C'est cela, haine à tout ce qui s'est dit, à tout ce qui s'est fait depuis quatre-vingt-neuf. Vive l'intolérance et l'esclavage! Rendez-nous la question, la potence, la dîme et la gabelle de nos pères; à bas la Colonne! relevons la Bastille, oublions Austerlitz et souvenons-nous de Rosback.

LE COMMANDEUR.

Voilà comme on exagère nos vœux, pour nous rendre ridicules ! Nous ne demandons pas l'impossible ; nous savons bien qu'il y a des concessions qu'il nous faut faire à la nécessité : nous ne demandons pas l'exécution rigoureuse du régime des catégories et des cours prévotales ; mais nous voulons que les hommes soient remis à leur place. Qu'on laisse vivre, rien de mieux, ces généraux parvenus qui n'ont à nous jeter à la tête que leurs services, leurs campagnes, leurs blessures ; mais que la cour réserve ses bienfaits pour nous autres sujets fidèles, qui rentrons en France sans autre fortune que la bonté du roi.

D'OLBREUSE.

C'est trop juste ! monsieur de Sombreval, pourvu que les bontés du roi ne se prélèvent pas sur le budget de l'état...

SCÈNE VIII.

TABLEAU D'INTÉRIEUR.

LES MÊMES, CÉCILE, MADAME D'ARCEUIL (MARIE), LE COLONEL D'ARCEUIL, GRANGEVAL.

LE GÉNÉRAL, *à sa femme, qui va s'asseoir auprès de d'Olbreuse, après l'avoir embrassé.*

Ma chère, je vous présente deux de mes plus anciens amis, monsieur de Charnencey et le commandeur de Sombreval.

CÉCILE, *en parlant à Charnencey.*

J'ai souvent entendu parler de vous à notre chère princesse.

CHARNENCEY.

Madame, vous avez, je le vois, conservé vos souvenirs d'enfance ; vous étiez si jeune alors !

CÉCILE.

Eh! mais, pas tant! notre connaissance date du jour de mon mariage.

CHARNENCEY.

Et vous aviez alors dix ans?

CÉCILE.

Onze ans révolus, monsieur; ne nous rajeunissons pas.

D'OLBREUSE.

Quel temps que celui qui autorisait le mariage d'un enfant avec un homme qui touchait à la vieillesse!

LE COMMANDEUR.

C'est pourtant comme cela que l'on conservait la pureté des races, et qu'on avait des fils dont on pouvait faire des chanoines, des comtes de Lyone, des chevaliers de Malte, et des filles qui pouvaient entrer dans les chapitres d'Allemagne.

CHARNENCEY, *à madame d'Arceuil.*

J'ai dans l'idée que madame ne changerait pas son sort contre celui de toutes les chanoinesses du monde.

MADAME D'ARCEUIL.

Demandez-lui plutôt. (*Montrant le colonel.*)

LE COLONEL.

Non, ma chère, vous ne tenez pas du tout à la noblesse chapitrale.

CÉCILE.

Marie n'avait pas la moindre vocation pour les couvens; il n'en est pas de même de sa plus jeune sœur : si je ne m'étais pas mis de bonne heure en garde contre certain penchant à la mysticité, Félicie aurait bien pu tromper nos espérances...

MADAME D'ARCEUIL.

Chère petite sœur! c'est aujourd'hui qu'elle arrive.

LE GÉNÉRAL.

Je suis bien sûr que notre jeune Fauvel a faussé compagnie, et qu'il chasse depuis ce matin sur la grande route de Richemont.....

LE COLONEL.

Les voici.

SCÈNE IX.

LES MÊMES, ARMAND DE GRANGEVAL, JULES FAUVEL.

ARMAND.

Buisson creux! buisson creux!

LE GÉNÉRAL.

Comment, depuis quatre heures du matin que vous êtes en chasse!

ARMAND.

Si jamais on me rattrape à chasser avec

un amoureux! Imaginez-vous que ce diable d'homme, qui se trouvait toujours à la tête des chiens, leur a fait faire défauts sur défauts, en les ramenant toujours sur la lisière du bois, d'où il pouvait entendre les voitures sur la grande route. Enfin nous en revoyons; nous sommes en plein sur la trace: eh bien! voilà que mon Jules se montre tout à coup en face de la bête qui débuchait sur l'étang, et la force à revenir sur ses pas, après avoir fait un crochet au bord de l'eau qui fait prendre le change à la meute. Pour cette fois, j'abandonne la partie, je romps les chiens, et je reviens bride abattue au château, où monsieur m'assurait que ma sœur était arrivée.

CÉCILE.

Vous savez bien, Jules, que nous n'attendons ma fille, avec sa tante, que pour dîner.

FAUVEL.

Cependant un homme de Richemont,

que j'ai rencontré, m'a dit que madame la marquise était montée en voiture ce matin, à sept heures; et comme on peut faire en trois heures le chemin qui sépare les deux châteaux, je pouvais croire que ces dames étaient arrivées.

CHARNENCEY.

Je vois qu'il s'agit d'une assemblée de grands parens : le commandeur et moi, nous pourrions être de trop. Adieu, Grangeval; nous reviendrons pour la noce, si vous nous y invitez.

CÉCILE.

Cousin, je ne vous laisse point partir à moins que vous ne nous promettiez de venir la semaine prochaine, avec monsieur de Sombreval, passer avec nous le reste de la saison.

CHARNENCEY.

Je puis répondre pour moi; quant à Sombreval, il n'est pas homme à se priver pendant deux mois du plaisir de monter ou de descendre, cinq ou six fois par jour, les soixante-seize marches du château des Tuileries.

SOMBREVAL.

Que voulez-vous, c'est ma santé. (*Ils sortent.*)

SCÈNE X.

LES MÊMES, moins Sombreval et Charnencey.

LE GÉNÉRAL.

J'aurais retenu Charnencey : c'est un vieil ami, c'est un parent ; mais nous ne pouvions pas nous dispenser de faire la même invitation à ce Sombreval, à ce royaliste quand même (*à d'Olbreuse*), pour lequel je connais votre antipathie ?

D'OLBREUSE.

Je m'en serais encore mieux arrangé que

le colonel, et nos disputes auraient eu moins d'inconvéniens.

CÉCILE, *à d'Olbreuse qui sort.*

Mon ami, nous irons prendre le thé chez vous, afin de nous quitter le moins possible dans cette journée consacrée tout entière à des épanchemens de famille, ce qui n'en excluait pas votre ami, mon cher Jules.

LE GÉNÉRAL.

A propos, qu'avez-vous fait de Jacques le fataliste?

ARMAND.

De M. Outine? Nous l'avons perdu en entrant en chasse. Je le croyais de retour au château.

FAUVEL.

Je ne sais quelle nouvelle lubie lui sera passée par la tête; mais ne faites aucune attention à son absence. Outine, vous le savez, est un original qui ne fait rien comme les autres : c'est un homme à part dans la société, et le mystère de sa vie peut seul expliquer les inconséquences de sa conduite.

GRANGEVAL.

Il suffit qu'il soit votre ami, mon cher Fauvel, pour que nous respections son secret.

SCÈNE XI.

LES MÊMES, OUTINE.

FAUVEL.

Le voici ! D'où viens-tu donc ?...

OUTINE.

D'où je viens ? ma foi c'est tout au plus si je le sais moi-même ; c'est encore là une épisode de ma folle histoire.

MARIE.

Contez-nous cela, monsieur Outine.

CÉCILE.

Asseyez-vous d'abord, et prenez quelque chose.

OUTINE.

Vous saurez donc que j'étais sorti avant le jour avec le limier, pour éventer la bête au gîte. Grâce à l'habileté du piqueur, tout était reconnu : notre plan de campagne était arrêté, et j'avais déjà parcouru la forêt. Il était grand jour, personne n'arrivait ; je m'étais arrêté au rond-point pour attendre mon monde : je vois venir une calèche atelée de quatre chevaux, et précédée d'un domestique à cheval ; celui-ci s'arrête devant le poteau, et, après y avoir lu l'indication des quatre routes qui viennent se joindre en cet endroit, il enfile une des allées, en faisant signe au cocher de le suivre. La voiture passe rapidement auprès de moi, mais j'ai le temps de jeter les yeux dans l'intérieur, et d'y remarquer, en poussant un cri de surprise, une dame que je rencontrais pour la troisième fois depuis que je suis au monde, et que Fauvel doit reconnaître à cette seule indication.

FAUVEL.

Quelle vraisemblance ? Tu te seras mépris.

OUTINE.

Non, non, il y a des figures que l'on n'oublie jamais...

Quoi qu'il en soit, pour m'en assurer mieux, je prends le parti de la suivre au grand trot de mon cheval. Après une heure de cette course rapide, je vois la calèche enfiler une longue avenue, à l'extrémité de laquelle je découvre une habitation gothique, surmontée d'une croix, qui lui donne l'air d'un couvent. La voiture entre, et la grande porte se referme presqu'au même moment. Je m'arrête à quelque distance, bien résolu d'attendre la dame à sa sortie, et de lui infliger encore une fois le supplice de ma présence. Une heure s'écoule, elle ne paraissait pas : j'imagine un prétexte pour me présenter dans cette maison, et, au risque de me faire rire au nez, je demande hardiment à parler à madame la supérieure. Une espèce de concierge, en forme de tourière, me fait entrer dans une salle basse d'un pavillon qu'elle occupe, et, quelques minutes après, je vois entrer une vieille dame vêtue de noir de la tête aux pieds, auprès de qui je me donne au hasard pour le fils de la dame qu'elle vient de recevoir. J'apprends alors que *ma mère* n'est restée qu'un moment au *Sacré-Cœur*, (c'est le nom du couvent) où elle a laissé sa fille, et qu'elle est sortie par une autre porte que celle où je l'attendais. Le titre que j'avais pris me valut un accueil tout aimable de la part de madame la supérieure ; mais je me vis forcé de brusquer ma visite, en entendant appeler d'un nom étranger qui m'était inconnu, celle dont je me disais le fils ; je me suis sauvé sans autre explication.

FAUVEL.

Il faut avouer que tu as fait une belle campagne.

OUTINE.

Comment? n'est-ce rien que de pouvoir apprendre à l'honorable compagnie qu'il existe dans le voisinage un couvent du *Sacré-Cœur*, et que l'abbesse de ce monastère est la femme la plus singulièrement célèbre de la révolution. Devinez..... Madame de Misarette.

CÉCILE.

Madame de Misarette!

GRANGEVAL.

Cela ne m'étonne pas : c'est ainsi qu'elle devait finir.

SCÈNE XII.

LES MÊMES, UN LAQUAIS apportant une lettre.

LE LAQUAIS, *à M. de Grangeval.*

Un chasseur apporte cette lettre.

LE GÉNÉRAL, *regardant l'adresse.*

C'est de lady Sydmoore. (*Il l'ouvre.*)

CECILE.

Vous verrez qu'elle ne nous ramène pas aujourd'hui Félicie.

LE GÉNÉRAL, *avec un effroi marqué.*

Se peut-il?

CECILE, *avec inquiétude.*

Que vous mande-t-elle?

LE GÉNÉRAL, *lisant haut.*

« Mon cher cousin, c'est avec un véritable désespoir que je vous apprends que Félicie a disparu de chez moi ce matin....

CÉCILE.

Grand Dieu!...

LE GÉNÉRAL, *commençant à lire.*

Tout me porte à croire qu'elle a cédé à la vocation religieuse qui s'était emparée d'elle, et que j'ai vainement cherché à combattre depuis qu'elle est avec nous. J'ignore le lieu de sa retraite; peut-être vous en instruit-elle dans le billet ci-joint qu'elle a laissé pour sa mère.»

CÉCILE, *s'empare de la lettre et lit.*

«Ma tendre mère, pardonnez à votre fille une démarche inspirée par le ciel : je n'aurais jamais pu l'exécuter en votre présence. Je sens que Dieu m'appelle et me fait la loi de me séparer de tout ce qui m'est cher..... J'obéis en pleurant, et je vais au pied de ses autels lui demander la force de consommer un grand sacrifice. »...

Ma fille!... Félicie!... Je reconnais l'ouvrage de votre cousine et du prêtre fanatique qui la dirige... Courons au château!

LE GÉNÉRAL.

Lady Sydmoore me prévient qu'elle va suivre de près le courrier qu'elle nous expédie.

CÉCILE.

Ma fille!.... que sera-t-elle devenue?

LE COLONEL.

Je pars pour Paris; l'archevêque est notre parent.... et, s'il le faut, j'irai porter votre plainte au pied du trône.

ARMAND.

C'est un coup monté par ma dévote de tante; mais, parbleu! son chapelain nous dira ce qu'il a fait de ma sœur, ou je veux être assommé si je ne le brûle tout vif dans son château, ce roi des tartuffes!

LE GÉNÉRAL.

Avant d'agir chacun de notre côté, allons

consulter le patriarche. (*Ils sortent; Outine arrête Armand.*)

SCÈNE XIII.

ARMAND, OUTINE.

OUTINE.

Comment se nomme ta tante?

ARMAND.

Tu viens de l'entendre nommer.... lady Sydmoore.

OUTINE.

Quoi! tu as une tante anglaise?

ARMAND.

Non pas.... elle porte le nom de son troisième mari.

OUTINE.

Comment s'appelait-elle auparavant?

ARMAND.

D'Anville.

OUTINE.

Et avant?

ARMAND.

Verneuil.

OUTINE.

C'est cela même..... je ne m'étais pas trompé.... Vite à cheval.

ARMAND.

Mais explique-moi....

OUTINE.

A cheval, mon cousin.... Nous nous expliquerons en route.

SCENE XIV.

(Le théâtre change et représente le cabinet de d'Olbreuse.)

LE GÉNÉRAL, D'OLBREUSE, CÉCILE, MARIE, FAUVEL.

D'OLBREUSE.

Non, mes amis, tout n'est point désespéré.

CÉCILE.

Vous croyez que Félicie n'a pas quitté Richemont ?

D'OLBREUSE.

Je le crois ; ce qui n'empêche pas que le colonel fasse bien d'aller trouver l'archevêque, et Fauvel d'aller prendre des informations sur les lieux mêmes. Quoi qu'il en soit, vous attendez mylady : c'est à moi de la recevoir. Je serais bien surpris si je ne lui arrachais pas l'aveu d'une intrigue dont elle n'est peut-être pas le premier auteur.

GILBERT, *entrant.*

Mylady Sydmoore entre en ce moment par l'avenue des peupliers.

D'OLBREUSE, *à Gilbert.*

Introduis-la dans ce salon. Et vous, laissez-moi seul.

SCENE XV.

D'OLBREUSE, seul.

Je leur donne un espoir que je n'ai pas. L'orgueil, l'intérêt et l'hypocrisie forment une ligue bien redoutable, surtout quand le pouvoir s'en mêle!... Nous verrons cependant. Cette dame, avant d'être dévote, avait sacrifié à des passions moins haineuses, et je ne suis pas tenu, comme son directeur, à garder son secret.

SCÈNE XVI.

L'INTEROGATOIRE.

D'OLBREUSE, LADY SYDMOOR.

MYLADY, *entrant et parlant brusquement.*

Bonjour, monsieur. Où est la princesse?

D'OLBREUSE.

Madame de Grangeval est dans son appartement, où elle s'est renfermée pour écrire à Paris.

MYLADY.

Il faut que je la voie. Vous savez, sans doute, l'événement qui m'amène?

D'OLBREUSE.

Oui, madame, et c'est de cet événement que je dois avoir l'honneur de vous entretenir.

MYLADY.

Il me semble que ce n'est point avec un

étranger, quelque ami qu'il soit de la famille, que je dois entrer en explication sur un pareil sujet.

D'OLBREUSE.

J'ai vu naître et mourir la mère de madame de Grangeval; je lui ai servi de père et de tuteur : je lui dois mes secours dans le plus grand malheur qu'elle pût éprouver.

MYLADY.

Eh! monsieur, quel service peut-elle attendre de vous dans un pareil moment?

D'OLBREUSE.

Celui de lui rendre sa fille.

MYLADY.

Vous savez donc où elle s'est retirée?

D'OLBREUSE.

Non, madame; mais vous en êtes instruite, et je suis sûr que vous consentirez à me l'apprendre.

MYLADY.

Je ne sais rien, monsieur; mais si je savais quelque chose, quel droit avez-vous à ma confiance?

D'OLBREUSE.

Un droit que vous vous empresserez de reconnaître, mylady, quand vous saurez que je suis, depuis trente ans, possesseur d'un secret d'où dépend votre honneur et votre fortune.

MYLADY.

Que voulez-vous dire, monsieur? je ne vous comprends pas.

D'OLBREUSE.

Peu de mots vous mettront au fait : Une noble dame, qui avait perdu son premier mari sur l'échafaud révolutionnaire, quitta la France après en avoir épousé un second, lequel vivait encore lorsqu'elle s'avisa d'en prendre un troisième; circonstance que les lois de France et d'Angleterre qualifient du nom de bigamie.

MYLADY.

Ce n'est pas moi, monsieur, qu'une pareille accusation peut atteindre : monsieur de Verneuil était mort lorsque j'épousai lord Sydmoore.

D'OLBREUSE.

Mais monsieur d'Anville était vivant; vous vous êtes mariée, pour la troisième fois, à Dublin, au mois d'Auguste 1804, et je puis avoir l'honneur de mettre sous vos yeux une lettre de M. de Verneuil du 3 février 1805.

MYLADY.

Cependant, monsieur, son extrait mortuaire....

D'OLBREUSE.

Je puis aussi vous le représenter; il porte la date du 7 mars de la même année.... Ce qu'il y a de vraiment affligeant pour vous, c'est que la lettre autographe de votre mari, que j'ai conservée bien soigneusement, n'établit pas seulement une preuve incontestable de bigamie, mais qu'elle fait aussi mention d'un enfant dont la naissance est d'autant plus équivoque, que sa mère, en puissance de mari, l'aurait privé d'une possession d'état que la loi lui garantit....

MYLADY.

De grâce, monsieur, ne vous hâtez pas d'expliquer à ma honte un mystère d'infortune où la révolution m'a plongée....

D'OLBREUSE.

Rassurez-vous, madame; j'ai gardé votre secret pendant trente ans, et je l'emporterai au tombeau, où je suis près de descendre; mais je dois mettre un prix à ma discrétion. Une intrigue odieuse, dont vous êtes complice, si vous n'en êtes pas l'auteur, enlève une fille à sa mère : c'est à vous de réparer le mal que vous avez fait.

MYLADY.

Vous ne pouvez me rendre responsable du pieux dévouement d'une jeune fille.

D'OLBREUSE.

Il y a eu séduction, madame; Félicie aimait trop sa mère pour avoir conçu d'elle-même le projet de l'abandonner.

MYLADY.

Vous avez vu sa lettre.

D'OLBREUSE.

J'ai vu la lettre qu'on lui a dictée. Mais n'échangeons pas de vaines paroles : je ne vous demande pas compte de la résolution que Félicie a prise; j'exige seulement que vous nous indiquiez sa retraite.

MYLADY.

Je ne puis vous faire part que de mes doutes..... J'ai lieu de croire qu'elle s'est retirée dans une des communautés religieuses de la capitale, où je propose d'aller la chercher moi-même.

D'OLBREUSE.

Le colonel d'Arceuil s'est chargé de cette recherche, et il est en ce moment auprès de l'archevêque, son parent. Pour vous, madame, je dois vous dire que vous ne sortirez point d'ici avant son retour.

MYLADY.

Eh quoi! c'est à moi que vous feriez cette injure! J'ai le malheur de me souvenir du temps où une femme comme moi n'eût point été exposée à de pareils outrages; il est vrai que cette époque, où l'on faisait cas des convenances, n'était pas celle de la liberté.

D'OLBREUSE.

Mylady Sydmoore, qui a si bonne mémoire, me dira-t-elle si cet âge d'or qu'elle regrette n'était pas celui où les grands seigneurs avaient *des petites maisons;* où les hommes de qualité donnaient leur livrée à des filles d'Opéra; où le mariage entre gens comme il faut n'était qu'une affaire de convenance; où l'on se mariait du consentement de son père, de sa mère et même de son amant; où l'on savait si bien concilier les droits de l'amour et les convenances de l'hymen, qu'on abandonnait quelquefois un de ses enfans aux soins d'un curé de village, tandis qu'on élevait les autres dans un palais; pour tout dire, enfin, où l'on s'exposait, dans sa vieillesse, à ne pouvoir soutenir la vue de celui à qui on avait donné le jour?

MYLADY.

Je ne vois pas, monsieur, ce que peut avoir de commun.....

SCÈNE XVII.

LES MÊMES, LE GÉNÉRAL, CÉCILE, MARIE, FAUVEL.

LE GÉNÉRAL.

Nous venons savoir le résultat de votre entretien.

CÉCILE.

Madame.... qu'est devenue ma fille?

D'OLBREUSE.

Mylady suppose que sa nièce est à Paris, dans un couvent dont elle ne sait pas précisément le nom. Elle voulait partir pour se mettre elle-même à sa recherche; mais j'ai pensé, et vous serez sans doute de mon avis, qu'il fallait lui épargner cette fatigue.

CÉCILE.

Si ma fille est à Paris, mon gendre ne tardera pas à nous en instruire.

GRANGEVAL.

S'il ne peut y découvrir sa retraite, je vous préviens, mylady, que je vais demander contre vous justice aux tribunaux.

MYLADY.

Il faut compter beaucoup sur l'impiété du siècle où nous vivons, pour espérer qu'un tribunal français puisse accueillir une pareille plainte. Quand il serait vrai que mon exemple et mes conseils eussent affermi ma nièce dans la voie du salut, que j'eusse nourri dans son cœur le dégoût du monde et le désir d'échapper à ses dangers, dans une pieuse retraite, qui pourrait m'en faire un crime?

D'OLBREUSE, *à part à milady.*

Votre seule conscience, je l'avoue; mais n'est-il pas des délits plus faciles à caractériser, et dont la révélation pourrait donner un grand poids à l'accusation portée contre vous? Encore une fois, réfléchissez-y, madame.

SCÈNE XVIII.

LES MÊMES, FÉLICIE, ARMAND, OUTINE.

OUTINE, *en entrant le premier.*

La voici! la voici!

CÉCILE.

Qui donc?

ARMAND.

Ma sœur! votre fille.

FÉLICIE, *court se jeter aux pieds de sa mère.*

Pardonnez, ma tendre, mon excellente mère!

CÉCILE, *la relève et la presse dans ses bras.*

Promets-moi de ne plus nous quitter, mon enfant, de ne plus abandonner ta mère!

FELICIE.

Jamais, jamais! (*Elle embrasse son père, sa sœur et d'Olbreuse.*)

D'OLBREUSE.

Vous avec beau les chercher des yeux; il manque ici deux personnes. (*En lui montrant mylady.*) En revanche, en voici une troisième sur laquelle vous ne comptiez pas.

FELICIE, *en reculant à la vue de sa tante.*

Madame!...

MYLADY, *froidement.*

Félicie, vous nous avez causé beaucoup d'inquiétude.

FÉLICIE.

J'en étais bien sûre, ma tante; aussi ne me suis-je pas fait prier pour revenir avec mon frère.

LE GÉNÉRAL, *à Armand.*

Tu savais donc où elle était?

ARMAND.

Non, vraiment; c'est Jacques qui l'a decouverte.

OUTINE.

C'est la suite de l'aventure que je vous contais ce matin. Vous vous rappelez bien cette maison à l'autre extrémité de la forêt où j'ai rencontré, ce matin, une méchante femme, en en cherchant une autre.

LE GÉNÉRAL.

Madame de Misarette.

OUTINE.

Tandis que tout le monde se désolait ici à la lecture de la lettre de mademoiselle, je ne sais par quelles suites de réflexions et de souvenirs, j'en vins à penser que notre jeune fugitive devait avoir été amenée dans un lieu où le hasard m'avait conduit. J'ai pour habitude de ne pas raisonner avec mes pressentimens..... Nous montons à cheval avec Armand, nous arrivons au Sacré-Cœur, et sans autre explication, nous forçons la supérieure à nous mettre en présence de la jeune personne que madame (*en s'adressant à mylady*) lui a confiée ce matin.

MYLADY, *le reconnaissant.*

Que vois-je!.... C'est vous, monsieur?

OUTINE, *à part à mylady.*

Eh! oui, madame, c'est encore moi, toujours moi! et c'est votre faute, comme bien vous savez. Mais ne craignez rien : le vénérable d'Olbreuse et mon honneur vous répondent de mon silence.

GILBERT, *entrant tout effrayé.*

Une troupe de gendarmes cerne le château, et le commandant marche sur mes pas.

LE GENERAL.

Eh bien! qu'il entre.

SCENE XIX.

LES MÊMES, PRESSADES.

PRESSADES.

Je suis désespéré, mon général, d'avoir à remplir, contre vous et contre vos amis, un devoir de rigueur. J'ai ordre de réintégrer au couvent des dames du Sacré-Cœur une jeune personne qui vient d'en être enlevée.

LE GÉNÉRAL.

Cette jeune personne est ma fille : la plus coupable séduction l'avait arrachée à sa famille, et c'est volontairement qu'elle a suivi son frère sous le toit paternel. Aucune puissance ne pourra l'en faire sortir.

PRESSADES.

Cependant, mon général, mon ordre est

formel, et je suis en mesure de le faire exécuter.

LE GÉNÉRAL.

Voyons votre ordre. (*Il le lit, et s'adressant à mylady.*) Madame, je vois par cet écrit que c'est vous-même qui avez conduit cette odieuse intrigue; qu'en remettant Félicie aux mains de madame de Misarette, vous vous êtes autorisée du vœu de sa famille entière : c'est à vous, maintenant, de voir ce qui vous reste à faire.

MYLADY, *au commandant.*

Retirez-vous, monsieur; je prends sur moi la suite de cette affaire, dont je rendrai compte à la supérieure de la communauté qui vous envoie.

PRESSADES.

Permettez-moi, madame, de vous dire que mon ordre part de plus haut, et que rien ne peut en retarder l'exécution.

LE GENERAL.

Rien que ma volonté et celle de ma fille. Expliquez-vous, Félicie, et faites connaître à monsieur vos intentions.

FÉLICIE, *se jetant dans les bras de sa mère.*

Je ne veux point quitter ma mère.

PRESSADES.

Mademoiselle, votre déclaration, que peut influencer ici l'autorité paternelle, ne peut avoir de force que dans le lieu où je dois vous conduire, et où vos parens sont les maîtres de vous suivre. Quant à ces messieurs (*montrant Armand et Outine*), je dois croire qu'ils ne se refuseront pas à vous accompagner.

LE GÉNÉRAL.

Vous vous êtes chargé, monsieur, d'une mission illégale; mais je vous épargnerai la honte de la remplir.

PRESSADES.

Mon devoir, général, est de prêter force à la loi. Je vous rends responsable des mesures que vous me forcez d'employer. (*Il sort.*)

SCÈNE XX.

LES MÊMES, moins Pressades.

CÉCILE.

Juste ciel! mon ami, qu'allez-vous faire?

LE GÉNÉRAL.

Rentrez avec vos filles dans votre appartement, et laissez-nous le soin de faire entendre raison à messieurs les soldats du Sacré-Cœur. (*Les femmes rentrent.*)

OUTINE.

Nous, mes amis, préparons-nous à soutenir le siége. Je me place à l'avant-garde.

PRESSADES *rentre avec un détachement de gendarmes.*

Vous voyez, général, que la résistance serait inutile. De par le roi, je vous somme de ramener votre fille au couvent d'où ces messieurs l'ont enlevée, et où ils voudront bien me suivre. (*Pressades fait un mouvement pour entrer.*)

LE GÉNÉRAL, *se jetant au devant de la porte l'épée à la main.*

Un pas de plus, et je vous passe mon épée à travers le corps.

ARMAND, *aux gendarmes.*

N'avancez pas.

OUTINE, *un pistolet à la main.*

J'étends à mes pieds le premier qui fait un mouvement.

LE GÉNÉRAL.

Gendarmes, reconnaissez la voix de votre général : je vous ordonne de vous retirer.

PRESSADES.

Je suis porteur d'un ordre du roi. Gendarmes, en avant !

SCENE XXI.

LES MÊMES, LE COLONEL D'ARCEUIL, UN OFFICIER SUPÉRIEUR DE GENDARMERIE.

L'OFFICIER SUPÉRIEUR.

Capitaine, de qui tenez-vous l'ordre qui vous autorise à violer le domicile d'un lieutenant-général des armées du roi ?

PRESSADES.

J'ai été requis par l'autorité ecclésiastique.

L'OFFICIER SUPÉRIEUR.

Monsieur, vous ne commandez pas à des soldats du pape, et vous n'aviez d'ordre à recevoir que de moi. Vous quitterez sur-le-champ votre commandement, et vous irez à Paris pour y rendre compte de votre conduite.

LE COLONEL.

Tenez-vous pour heureux, vénérable monsieur de Pressades, si l'on ne fait pas remonter l'enquête jusqu'aux premiers jours de la révolution.

D'OLBREUSE.

Comment, c'est encore vous, monsieur de Pressades! A votre âge, vous avez donc juré de servir d'instrument à toutes les tyrannies!

PRESSADES.

Ma foi, messieurs, trouvez-en un plus habile.

D'OLBREUSE.

Il suffirait pour cela, monsieur, de vous suivre auprès de celle qui vous envoie.

PRESSADES.

Il est vrai que cette dame a sur moi un

grand avantage : elle est dévote et hypocrite ; c'est le seul rôle qui ne soit pas dans mes moyens. (*Il sort avec le commandant et les gendarmes.*)

D'OLBREUSE.

Vous avez dû prévoir que votre carrière s'arrêterait à l'époque où nous vivons.

SCENE XXII.

LES MÊMES, moins Pressades et le commandant.

FELICIE, *à sa mère et à son père.*

Me pardonnerez-vous jamais le chagrin que je vous ai causé?

LE GÉNÉRAL.

Ta mère s'est alarmée d'une résolution que sa tendresse n'a pas dû prévoir ; mais, moi, Félicie, je te connaissais trop bien pour m'exagérer les suites d'un moment d'exaltation où ton cœur n'avait point de part.

CÉCILE.

Tu crois peut-être, Félicie, que j'étais la plus à plaindre? Eh bien! non, mademoiselle; je vois d'ici quelqu'un dont la douleur silencieuse n'était pas moins vive que la mienne.

FAUVEL.

Elle est loin d'être dissipée, mademoiselle, puisque je puis craindre encore qu'un hymen dont vos parens m'avaient permis de nourrir l'espérance, ne soit pas étranger à la résolution que vous aviez prise.

FÉLICIE.

Pourquoi ne croiriez-vous pas, au contraire, qu'il est au nombre des raisons qui l'ont combattue?

MYLADY.

Puisque l'heure de la franchise est arrivée, je ne cacherai pas à monsieur lui-même que le désir de rompre le projet de ce mariage entrait pour quelque chose dans les conseils que j'ai donnés à ma nièce. Je ne suis pas à la hauteur du siècle, je veux bien en convenir, et c'est pour cela que je ne puis approuver le mariage d'une fille d'un sang illustre avec un jeune homme d'une famille très honnête sans doute, mais d'une profession....

LE GÉNÉRAL.

Qu'exerçait le père du maréchal de Catinat, madame, et que nos mœurs nouvelles ont rendue à toute sa dignité.

MYLADY.

Mais enfin, monsieur n'est pas gentilhomme.

OUTINE.

Pourquoi pas? Je le suis bien, moi, qui n'ai ni père, ni mère, comme vous savez.

MYLADY.

Monsieur, quand on est gentilhomme

on doit tenir la parole que l'on a donnée.

OUTINE.

Madame, j'y serai fidèle, en ma qualité de gentilhomme anonyme que vous ne me contestez pas, j'en suis sûr.

MYLADY.

Ma présence ici est désormais inutile, n'est-il pas vrai, ma cousine : je me retire donc et je vous dispense du billet de faire part.

D'OLBREUSE.

Madame sait mieux qu'une autre qu'il y a telle circonstance où l'on se dispense de cette formalité pour l'honneur des familles.

MYLADY, *jette un regard insolent et dédaigneux sur Outine.*

Adieu, mes nobles parens.

OUTINE, *la suit jusqu'à la porte.*

Quoi! pas un mot pour le gentilhomme anonyme!... Ah! cruelle!

SCÈNE XXIII.

LES MÊMES, moins mylady.

CÉCILE.

Comment, monsieur Outine, vous connaissez donc mylady Sydmoore?

OUTINE.

Oui, madame, c'est ma plus ancienne connaissance.

CÉCILE.

Je ne me souviens pas cependant qu'elle nous ait jamais parlé de vous.

OUTINE.

Ce n'est pas, je vous jure, qu'elle n'eût de très-bonnes raisons pour s'en souvenir.

CÉCILE.

Contez-nous donc cela.

OUTINE.

Non, c'est une histoire très-embrouillée; vous n'auriez aucun plaisir à l'apprendre, et j'en aurais encore moins à vous la raconter; demandez plutôt à M. d'Olbreuse, qui en sait quelque chose.

D'OLBREUSE.

J'approuve votre silence, et je vous estime assez, monsieur Outine, pour être sûr que vous ne le romprez jamais.

FIN DE LA CINQUIÈME ÉPOQUE.

SIXIÈME ÉPOQUE.

LA

GRANDE SEMAINE.

PERSONNAGES

NOUVEAUX

DANS LA SIXIEME EPOQUE.

ALINE DE SAINT-LUCE.

M. ASTELIN, FABRICANT DU FAUBOURG SAINT-ANTOINE

Mme ASTELIN.

CHARLOT, }
GASPARD, } FILS D'ASTELIN.

AUGUSTINE, FILLE DE M. ASTELIN.

LE PÈRE ASTUCIO.

LE COMTE DE VERNISAC.

UN SÉMINARISTE.

AMBROISE, PORTEUR D'EAU.

LE DUC DE MERANTE.

M. DESWALLÉES, AVOUÉ.

MADAME NICAUD.

M. JORIS, HOMME DE LETTRE.

OUVRIERS, FAUBOURIENS, CITOYENS DE TOUTES LES CLASSES.

SIXIÈME ÉPOQUE.

LA GRANDE SEMAINE.

SCÈNE PREMIÈRE.

LES AVANT-COUREURS.

(La scène est dans une chambre du château des Bruyères.)

D'OLBREUSE, GRANGEVAL, CÉCILE, FAUVEL, FÉLICIE, ALINE DE SAINT-LUCE.

GRANGEVAL.

Nous dira-t-on pourquoi, sans nous être donné le mot, voilà tous les chefs de la tribu réunis chez le patriarche bien avant l'heure où nous avons coutume de nous y rassembler.

D'OLBREUSE.

Je vous le dirai, moi; c'est que les mêmes inquiétudes nous ont préoccupé toute la nuit, et que nous avions hâte de nous retrouver ensemble pour nous les communiquer. Je ne dors pas depuis la proclamation royale qui frappe d'incapacité nos très-honorables 221.

CÉCILE.

Pour mon compte, tout à l'heure en montant l'escalier, je disais au général que j'avais le pressentiment de je ne sais quelle catastrophe.

GRANGEVAL.

Je suis poursuivi par la pensée que les succès de notre armée d'Afrique seront funestes à nos libertés nationales.

FAUVEL.

Pour moi, depuis le ministère du 8 août, j'en aurais presque fait mon deuil, si je ne comptais sur les courageux efforts de la liberté de la presse.

FÉLICIE, *en riant.*

Qui vous ont valu je ne sais combien de mois de prison.

FAUVEL.

Je me garderai bien de me plaindre de mes juges, puisqu'ils m'ont toujours fait gagner près de Félicie les procès qu'ils m'ont fait perdre à leur tribunal.

CÉCILE.

Je n'ai jamais éprouvé une aussi vive impatience de lire les journaux; et quand je songe que nous avons encore quatre mortelles heures à les attendre.....

GRANGEVAL.

Pensez donc, ma chère, que s'il se passait quelque chose d'extraordinaire, nous en serions plutôt avisés par nos amis que par les feuilles publiques.

FAUVEL, *regardant par la fenêtre.*

Serait-ce ici que vient un homme à cheval que j'aperçois sur la grande route ?

CÉCILE, *regardant.*

Au train dont il va, nous saurons bientôt à quoi nous en tenir.

FAUVEL.

Je ne crois pas me tromper...

CÉCILE.

Qui est-ce ?

FAUVEL.

Je me fie encore plus aux yeux de mademoiselle de Saint-Luce qu'aux miens.

CÉCILE.

Regarde, Aline; connais-tu ?...

ALINE, *hésitant.*

Ma tante, c'est... monsieur Outine.

GRANGEVAL.

Nous savons maintenant pourquoi il vient si vite.

ALINE.

Il vient ordinairement avec ses chevaux.

FAUVEL.

C'est vrai. Outine à franc étrier, qu'est-ce que cela signifie ?

SCÈNE II.

AMOUR ET HONNEUR.

LES MÊMES, OUTINE, en uniforme de garde royale.

GRANGEVAL, *à Outine.*

En grande tenue de si bon matin! Outine; il y a là-dessous quelque chose d'officiel.

OUTINE.

Tout ce qu'il y a de plus officiel, je vous jure : trois ordonnances publiées ce matin. La première suspend la liberté de la presse ; la seconde annulle les dernières élections; la troisième crée un nouveau système électoral.

GRANGEVAL.

Mais c'est une contre-révolution complète que tu nous annonces.

OUTINE.

C'est bien comme cela qu'on l'entend à Paris.

A quelques instans de stupeur que l'apparition de ces ordonnances a produits, ont déjà succédé les signes d'une indignation profonde. Au moment où je montais à cheval, les rédacteurs des feuilles publiques étaient réunies au *National*, et protestaient avec une audacieuse énergie contre ce qu'ils appellent la violation des lois. Avant d'avoir dépassé la barrière, j'ai rencontré sur mon chemin plusieurs rassemblemens de garçons imprimeurs parmi lesquels semblait déjà bouillonner l'esprit d'insurrection.

CÉCILE.

Mais, mon ami, c'est une émeute.

OUTINE.

Mieux que cela, c'est une révolte.

D'OLBREUSE.

Mieux encore, c'est une révolution.

LE GÉNÉRAL.

Dans ces cas, partons, nôtre place est à Paris.

OUTINE.

Je ne vous suis pas, la mienne est à Saint-Cloud.

ALINE.

Comment, monsieur, vous allez vous battre contre vos amis, contre nous?

OUTINE.

Plaignez-moi, mademoiselle, je vais faire mon devoir.

D'OLBREUSE.

Oui, mon enfant, son devoir.

OUTINE.

Jugez, Aline, combien il est impérieux par la nature des sacrifices qu'il m'impose;

mon amour n'est pas le plus grand, je dois vous le dire : quelle que soit ma tendresse ou plutôt mon idôlatrie pour vous ; ma reconnaissance pour votre adorable famille qui daignait adopter mon infortune, il est au fond de mon cœur un sentiment qui domine tous les autres, c'est l'honneur : lorsque pour me réconcilier avec la société, hors de laquelle m'avait jeté ma naissance, j'ai accepté, de l'aveu de votre illustre parent, la proposition qui me fut faite d'entrer au service, j'ai renoncé à mon indépendance et j'ai pris l'engagement d'une obéissance passive à laquelle je dois rester soumis aussi long-temps que je n'aurai pas donné ma démission.

ALINE, *en pleurant.*

Eh! monsieur, qui vous empêche de la donner cette démission ?

OUTINE.

Au moment où le poste que j'occupe devient dangereux, au moment où les périls du roi m'appellent à sa défense, puis-je oublier que je fais partie de sa garde, qu'il a reçu mes sermens ? Jamais : la cause que je vais soutenir n'est pas la mienne, je fais des vœux pour qu'elle ne triomphe pas ; mais dussé-je y perdre plus que la vie, le bonheur dont vous m'aviez permis l'espoir, je remplirai jusqu'au bout la tâche que l'honneur m'impose. Adieu tout ce que j'estime, tout ce que j'aime, tout ce que j'honore sur la terre ; je vous quitte, peut-être pour ne plus vous revoir : adieu, je serais coupable de m'arrêter plus long-temps.

ALINE.

Allez donc, monsieur, mais du moins ne faites que votre devoir. (*Il sort précipitamment.*)

SCENE III.

LES MÊMES, moins Outine.

ALINE, *regardant Outine qui sort.*

Peut-être pour toujours, monsieur d'Olbreuse ! ..

D'OLBREUSE.

Il fait ce qu'il doit : son devoir l'appelle à Saint-Cloud ; le vôtre vous rappelle tous à Paris.

CÉCILE.

Mais vous, mon ami ?

D'OLBREUSE.

Ah ! moi, c'est différent : c'est d'action qu'il s'agit, et je ne suis plus bon à rien. Le vieil enfant va rester à garder les jeunes, et vous m'enverrez prendre, si vous croyez que je puisse encore être bon à quelque chose.

GRANGEVAL, *à Fauvel.*

Fauvel, il faudrait faire atteler.

FAUVEL.

J'ai prévenu vos ordres : tout est prêt, et nous partirons quand vous voudrez.

FÉLICIE, *amenant deux enfans en bas âge*

Mes enfans, nous allons à Paris, et nous vous laissons avec votre ami d'Olbreuse.

LA PETITE FILLE.

Mon frère, nous allons bien nous amuser : il nous contera des histoires.

LE PETIT GARÇON.

Oui, des histoires de voleurs.

D'OLBREUSE.

Sois tranquille, j'en sais beaucoup.

(Cécile, Grangeval, Aline, Félicie et Fauvel embrassent tour à tour le vieillard et les deux enfans.)

CÉCILE, *à d'Olbreuse.*

Je ne sais pourquoi j'éprouve un serrement de cœur à prononcer aujourd'hui ce mot d'adieu.

GRANGEVAL.

C'est peut-être un pressentiment. Quoi qu'il en soit, nos inquiétudes ne vont pas jusqu'à vous adresser le salut des gladiateurs gaulois à Tibère : *Tibere morituri te salutant.*

D'OLBREUSE.

Je le crois parbleu bien! Cette fois, la chance de mort est au moins égale entre les Gaulois et l'empereur.

(Ils partent : les enfans vont les conduire à la voiture.)

SCÈNE IV.

D'OLBREUSE, seul.

J'ai souvent dit que le fardeau de la vie n'est pas aussi pesant que l'on pense, qu'il ne s'agit que d'en saisir l'équilibre ; aujourd'hui, pourtant, comment ne pas jeter sur moi un regard de compassion, quand je me vois relégué avec l'enfance, aux prises avec la mort, lorsque tout vit autour de moi, quand une régénération complète peut devenir la suite de l'événement qui se prépare ?... j'y mets de l'entêtement, et je ne conviendrai que je suis mort que lorsque l'on m'aura bien hermétiquement scellé sous la pierre du tombeau.

SCENE V.

CONTES DES GRANDS ENFANS.

D'OLBREUSE, LES ENFANS.

LE PETIT GARÇON.

Les voilà partis, et nous revenons bien vite pour que vous nous fassiez des contes.

D'OLBREUSE.

Voyons, mes enfans, quelle histoire voulez-vous?

LE PETIT GARÇON.

Une histoire de voleurs.

LA PETITE FILLE.

Non, bon ami; cela m'empêcherait de dormir toute la nuit.

LE PETIT GARÇON.

Eh bien! racontez-nous, comme la dernière fois, une aventure de vos voyages.

D'OLBREUSE.

Je le veux bien. Asseyez-vous; mais ne m'interrompez pas. Je vous expliquerai, quand j'aurai fini, tout ce que vous n'aurez point entendu dans le cours de ma narration.

Dans un voyage de découverte que je fis il y a bien des années, après une très-longue traversée dans des mers inconnues, j'arrivai dans un vaste pays, situé entre les monts Calphas et Garamantes. (Un autre jour, je vous montrerai son emplacement sur la carte.) Les habitans de ce pays, d'une taille généralement au-dessous de la médiocre, se qualifient de *très-hauts*, quelle que soit leur petitesse, et de *très-puissans*, quelle que soit leur exiguité. Ces très-hauts et très-puissans, qui se disent aussi très-miséricordieux, sont, de leur nature, très-vindicatifs et même quelque peu antropophages: pour un oui, pour un non, ils se ruent les uns contre les autres, accablent les plus faibles, qu'ils finissent ordinairement par mettre en pièces, et dont ils se partagent les membres. Semblables aux poissons, les gros mangent les petits; il arrive pourtant quelquefois que les petits s'unissent entre eux et parviennent à résister aux grands.

Lorsqu'un *très-haut* en a dévoré plusieurs autres à lui tout seul, il lui survient des plaies au cœur et des taches au front : c'est pour cacher ces plaies, ces taches, qu'ils ont imaginé de se couvrir la poitrine de petites plaques d'or et d'argent, et de cercler leur front d'une bande de métal orné d'or ou de diamans, qui leur sert de coiffure.

Lorsque je visitai cet étrange pays, il était partagé entre six *très-hauts* de première classe.

PANTOBASILÉE, qui s'intitule lui-même *le très-haut* des très-hauts : c'est un petit vieillard qui prétend soulever le monde avec deux doigts.

Cozbi, *très-haut des Chevelures*, après avoir couru le monde à cheval sur une grosse écrevisse, était rentré dans son pays à reculons et ne marchant que sur les genoux, ce qui le faisait paraître le plus petit des *très-hauts*.

Balac, *très-haut des Mines*, avait été élevé dans des souterrains où il n'avait jamais vu que la lumière des cierges. Dans une promenade qu'il a faite, en plein soleil, dans le pays des Chevelures, sa vue s'est affaiblie au point qu'en rentrant dans son palais souterrain, il ne s'est plus occupé qu'à en fermer toutes les ouvertures et à en boucher toutes les fenêtres.

Caliban, *très-haut des Fourmis et des Baleines*, passe ses jours à fumer, et ses nuits à boire; il parle peu, mais il a des serviteurs qui parlent beaucoup pour lui. La folie de Caliban était alors de se croire un front de bélier.

ALBEPART, *très-haut des Yeux verts,* dit le grand épouseur, en était à sa troisième femme. Il avait une fille qu'il aimait tendrement ; un de ses conseillers lui dit : Donne ta fille au géant *Cherub,* ton ennemi, et il la lui donna. Quelque temps après, le même conseiller lui dit : Reprends ta fille, et il la reprit; envoie ton gendre dans la cabane de Caliban, et il l'y envoya; ce qui n'empêche pas qu'Albepart ne soit, pour le moment, le meilleur *très-haut* du monde.

HEBAL, le *très-haut des Neiges,* est un monstre de difformité : son corps énorme est posté sur deux jambes minces et d'une longueur démesurée.

Au moment où j'arrivai dans le pays, l'alliance qui s'était formée entre ces six *très-hauts* venait d'être rompue, et vous allez frémir au récit des teribles événemens qui me restent à vous raconter.

(*Entre un courrier.*)

LE COURRIER.

Le général, que j'ai rencontré à une lieue d'ici, m'a chargé de vous remettre ce billet qu'il a écrit au crayon, dans sa voiture.

D'OLBREUSE, *lisant.*

« On me mande que chaque instant accroît, à Paris, les chances de la guerre civile. Le roi, tranquille à Saint-Cloud, ignore ce qui se passe à deux lieues de là : les courtisans qui l'entourent ne permettent pas que l'on pénètre jusqu'à lui; et cependant les hommes qui voient clair dans les événemens qui se préparent, sont convaincus que du parti que va prendre Charles X dépendent les destinées de la France et les siennes.

« On croit que vous seul, mon vieil ami, pourriez avoir accès près du roi. C'est à vous de décider si vous croyez cette démarche utile; et si vous avez la force de l'entreprendre : celui qui vous remettra ce billet vous donnera tous les détails que vous pouvez désirer sur la situation de Paris. »

Oui, monsieur, vous me conterez tout cela en route, si vous voulez me suivre à Saint-Cloud.

LE MESSAGER.

Monsieur, je suis à vos ordres; dans un moment nous pourrons partir.

LA PETITE FILLE.

Et l'histoire des *très-hauts?*

D'OLBREUSE, *sortant avec les enfans.*

Vous ne perdrez rien pour attendre. C'est pour en connaître la fin que je vous quitte en ce moment, je vais faire une visite au *très-haut* des Chevelures. (*Ils sortent.*)

SCENE VI.

(La scène change et représente la salle des gardes du château de Saint-Cloud.)

LE PÈRE BONNIVET, OUTINE.

LE PÈRE.

Eh bien! commandant, vous arrivez de Paris : comment les nouvelles ordonnances y ont-elles été reçues?

OUTINE.

De manière à me faire craindre que les choses ne s'y passent pas aussi tranquillement que paraît le croire votre révérence.

LE PÈRE.

Monsieur, j'ai foi dans la parole divine : je sais que les portes de l'enfer ne prévaudront jamais.

OUTINE.

Elle croyait aussi que Louis XVIII avait remporté les victoires de Napoléon.

LE PÈRE.

Louis XVIII a régné dix-neuf ans, comme l'atteste la date de ses dernières ordonnances : c'est donc à lui qu'appartient l'honneur d'avoir vaincu l'Europe sous le nom de son général, M. Buonaparte.

OUTINE.

En effet, c'est ainsi que raisonnait mon illustre protectrice.

SCENE VII.

LES MÊMES, D'OLBREUSE, soutenu par deux laquais.

D'OLBREUSE, *à quelques personnes qui l'entourent.*

Oui, messieurs, je demande à parler au roi....

OUTINE, *le reconnaissant.*

Monsieur d'Olbreuse! Quel miracle de vous voir ici!

D'OLBREUSE.

En effet, mon ami, c'est un miracle : n'est-ce pas le moment ou jamais d'en faire. Introduisez-moi bien vite auprès de sa majesté.

OUTINE.

Je vais prévenir l'aide-de-camp de service.

LE PÈRE.

Vous oubliez, monsieur, que sa majesté

ne voit personne à l'heure où elle se livre à des actes de piété, dont rien ne doit la distraire.

D'OLBREUSE.

Mais, monsieur, les circonstances ne permettent aucun délai.

LE PÈRE.

Le roi travaille en ce moment avec son confesseur.

D'OLBREUSE.

J'aimerais mieux qu'il travaillât avec son ministre de la justice, et c'est pour le lui dire qu'un des doyens de l'humanité, le plus ancien des serviteurs de son aïeul, demande à lui parler.

LE PÈRE.

Je vais prendre les ordres de sa majesté.

D'OLBREUSE.

Songez, mon révérend, que le moindre

retard peut amener une terrible catastrophe.

LE PÈRE, *sortant.*

Mon fils, la volonté de Dieu soit faite.

D'OLBREUSE.

La volonté de Dieu n'est bien souvent que la folie des hommes.

SCENE VIII.

D'OLREUSE, OUTINE.

OUTINE.

Laissez-moi vous témoigner encore mon étonnement de vous trouver à Saint-Cloud quand je viens de vous quitter aux Bruyères.

D'OLBREUSE.

Cela prouve deux choses : la vitesse des chevaux qui m'ont amené, et l'assurance qu'on m'a donnée que ma présence ici pouvait encore être utile.

OUTINE.

Oui, si vous pouviez voir le roi; mais je crains bien....

D'OLBREUSE.

Dans ce cas, c'est pour lui qu'il faut craindre : l'insurrection grandit....

OUTINE.

Le roi est tranquille. Le plus grand des capitaines des temps modernes, comme on l'appelle à Saint-Cloud, parle de marcher sur Paris et de mettre la ville rebelle en état de siége.

D'OLBREUSE.

A qui parle-t-il de cela?

OUTINE.

Au maréchal commandant en chef, avec qui il est, en ce moment, en conférence dans la salle voisine.

D'OLBREUSE.

On se dispute.

OUTINE.

Ecoutez !

(*Deux voix en dehors.*)

PREMIÈRE VOIX.

Vous êtes un traître.

SECONDE VOIX.

Monseigneur !....

PREMIÈRE VOIX.

Aimez-vous mieux que je vous appelle un lâche ?

SECONDE VOIX.

Monseigneur !

PREMIÈRE VOIX.

Oui, je le déclare, vous êtes le plus grand lâche du royaume de mon père.

SECONDE VOIX.

Votre altesse s'oublie, et me force à lui rappeler que je porte une épée.

PREMIÈRE VOIX.

Vous en êtes indigne. Sortez de ma présence.

(Le maréchal entre et referme sur lui avec violence la porte de l'appartement dont il sort.)

SCÈNE IX.

LA FATALITE.

LE MARÉCHAL, D'OLBREUSE, OUTINE.

LE MARÉCHAL.

Race ingrate et stupide! voilà donc ma récompense!

D'OLBREUSE.

Vous voilà bien ému, monsieur le maréchal!

LE MARÉCHAL.

Ému, dites-vous?.... Mais.... (*le regardant avec attention*) me trompé-je? Le vénérable d'Olbreuse!

D'OLBREUSE.

Encore vivant, en dépit d'un siècle qui pèse sur sa tête.

LE MARÉCHAL.

Eh! monsieur, que venez-vous faire ici dans un pareil moment?

D'OLBREUSE.

Je viens, comme l'ombre de Samuel, évoquée par la pytonisse, prédire au roi des malheurs que dans quelques heures, peut-être, il ne sera plus en son pouvoir de prévenir.

LE MARÉCHAL.

Vous ne parlerez pas au roi, dont la porte est gardée par un piquet de prêtres, et vous ne pouvez voir son fils que pour vous convaincre qu'une pareille tête ne portera jamais la couronne.

D'OLBREUSE.

Dans de pareilles circonstances, quel parti vous reste-t-il à prendre, mon cher maréchal?

LE MARÉCHAL.

Le parti de m'abandonner à ma destinée, et de mettre Paris en état de siége, comme je viens d'en recevoir l'ordre.

D'OLBREUSE.

Paris en état de siége! en présence d'un soulèvement général! Y pensez-vous, monsieur le maréchal?

LE MARÉCHAL.

Je ne pense pas, j'obéis; l'honneur militaire est toujours l'obéissance.

D'OLBREUSE.

Et l'honneur civil! contre l'abus de la force, c'est l'insurrection.

LE MARÉCHAL.

Ce droit, que je reconnais comme citoyen, je suis forcé de le combattre comme soldat, et je m'abandonne à cette impérieuse fatalité qui pèse sur ma vie, et qui me traînera devant la postérité avec les noms odieux de traître et de parjure, dont mes injustes contemporains ont flétri mon caractère.

D'OLBREUSE.

Monsieur le maréchal, vos contemporains vous ont méconnu, je le crois; pourquoi ne profiteriez-vous pas de la triste occasion qui se présente pour vous réconcilier avec eux. Ne tournez pas contre vos compatriotes cette épée illustrée par tant de glorieux combats; n'en faites pas un instrument de guerre civile.

LE MARÉCHAL.

Les Français m'ont appelé un traître, mais eux du moins ne m'appelleront pas un lâche;

non, je subirai mon sort, et ma vengeance est de penser que les insensés que je défends, n'échapperont pas au leur. Adieu, monsieur d'Olbreuse; je retourne à Paris pour y justifier nos ennemis de l'indigne réputation qu'ils m'avaient injustement faite.

(*Il sort*).

SCENE X.

LES MÊMES, moins le maréchal.

OUTINE.

Vous ne cherchez pas à l'arrêter ?

D'OLBREUSE.

Non, c'en est fait, que pourrais-je contre cet instinct fatal qui le pousse depuis vingt ans vers l'abîme où il est prêt à se précipiter; cet homme, auquel seul peut-être en France, je rends justice, est un modèle vivant de la fatalité.

(*Entre le père Bonnivet.*)

LE PÈRE.

Monsieur, par respect pour votre âge, le roi, contre les vœux de l'étiquette, vous recevra ce soir à sept heures, avant son Wisth, en audience particulière.

D'OLBREUSE.

Ce soir à sept heures! Je craindrais qu'il fût trop tard; je ne profiterai pas de l'honneur que sa majesté veut me faire.

(*Entre un officier du palais.*)

L'OFFICIER, *à Outine.*

Commandant, faites monter à cheval votre escadron, le roi va sortir.

OUTINE.

Le roi part pour Paris !...

L'OFFICIER.

Non, sa majesté part pour la chasse.

D'OLBREUSE, *à Outine.*

Ce matin à la chasse, ce soir au jeu : on ne perd pas plus gaîment un royaume.

SCÈNE XI.

LE 27 JUILLET.

(Le théâtre représente un vaste atelier.)

M. ASTELIN, OUVRIERS.

ASTELIN, *à ses ouvriers.*

Enlevez ces établis, ces planches : c'est ici notre salle du conseil; les chefs des faubouriens vont arriver.... Nous allons entendre un beau tapage, à moins pourtant qu'il ne retire ses ordonnances, et qu'il ne renvoie son déplorable ministère... Mais il n'en fera rien, le vieil entêté... Eh bien! ADIEU-VA! comme je disais en virant de bord, quand j'étais capitaine de navire...

SCÈNE XII.

ASTELIN, MADAME ASTELIN.

MADAME ASTELIN.

Que signifie ce remue-ménage, monsieur Astelin?

ASTELIN.

J'attends beaucoup de monde, et je prépare un local.

MADAME ASTELIN.

Pour recevoir toute la canaille du faubourg, sans doute : vous n'êtes pas content d'une révolution, il vous en faut une seconde ; mais, grâce au ciel, les ordonnances d'hier y ont mis bon ordre.

ASTELIN.

C'est ce que nous allons voir, madame Astelin.

MADAME ASTELIN.

Il est donc vrai, mon ami, vous faites des vœux pour voir revenir ces affreux jours de 93, dont vous avez failli être la victime, et que vous m'avez appris à détester?

ASTELIN.

Non, ma chère femme, ce n'est pas 93; nous remontons quatre ans plus haut; c'est 89 que nous reverrons, j'espère.

MADAME ASTELIN.

On en revient toujours
A ses premiers amours.

Vous voulez nous rendre le gouvernement de la canaille.

ASTELIN, *riant.*

La canaille! arrêtez : sachez qu'il faut qu'on nomme
Avec plus de respect les citoyens de Rome.

MADAME ASTELIN.

Vous voilà! toujours avec votre Voltaire.

ASTELIN.

Chacun son érudition ; vous puisez la vôtre à l'Opéra-Comique.

MADAME ASTELIN.

Celle-là n'est pas meurtrière, du moins. Il faut tout prévoir avec vous ; promettez-moi, monsieur Brutus, que vous ferez grâce à vos fils s'ils embrassent la cause de Tarquin.

ASTELIN.

A votre place, je ne m'y fierais pas. Parlons sérieusement ; nous touchons au moment de la crise. Votre Charles X a violé ses sermens, le peuple se soulève ; tout me fait craindre, ou plutôt espérer, qu'une lutte terrible va s'engager entre la nation et le monarque inhabile sous le nom duquel gouvernent vos amis les jésuites. Je viens d'être proclamé par le peuple maire de notre arrondissement, à la place de votre oncle Dutremblet ; j'ai accepté.

MADAME ASTELIN.

Mais c'est l'échafaud, c'est la mort qui vous attend, si, comme on n'en peut douter le parti du roi triomphe.

ASTELIN.

Il ne fallait rien moins que cette crainte pour faire de moi un usurpateur.

MADAME ASTELIN.

Mais monsieur, c'est une horreur! Vous sacrifiez votre famille, votre fortune.

ASTELIN.

Mon parti est pris, ainsi, croyez-moi, ma chère femme, rentrez dans votre appartement; continuez à y recevoir vos amis, si tant est qu'ils osent se présenter chez vous avant que la victoire ait prononcé entre le roi et la canaille, et jusqu'à ce moment, permettez-moi, dans de pareilles circonstances, de ne prendre conseil que de moi seul.

MADAME ASTELIN.

Je me retire, et je vais m'occuper à vous ménager des protecteurs contre les périls que vous appelez sur votre tête.

(Elle sort.)

ASTELIN.

Les périls qu'elle redoute menacent la France entière.

(Entrent Gaspard et Charlot.)

CHARLOT.

Papa, tu m'as promis un fusil.

ASTELIN.

Oui, si l'on se battait, mon petit Charlot; mais il est encore possible que l'on n'en vienne pas là.

CHARLOT.

On y viendra, c'est moi qui vous le dit; je viens du boulevart, et l'on dit que c'est commencé à l'Odéon; mais tiens, voilà mon frère Gaspard, je parierais qu'il a déjà tiré.

GASPARD.

Allons, mon père, aux armes, la foule se porte aux boulevarts des Capucines en criant à bas Polignac : les gendarmes et les suisses entourent son hôtel ; ils ont du canon, et le peuple est sans armes.

ASTELIN.

Puisque nos ennemis en ont, nous n'en manquerons pas.

(Entrent quelques chefs faubouriens.)

UN CHEF.

Nous voilà, monsieur Astelin, chacun de nous amène avec lui un détachement d'une cinquantaine d'hommes, qui se grossira en route, je vous en réponds ; mais nous n'avons que dix fusils pour cinq ou six cents que nous sommes.

ASTELIN, *à ses fils et à ses ouvriers.*

Apportez les armes de toute espèce dont j'ai fait provision depuis le mois d'août dernier ; j'étais bien sûr que le moment viendrait d'en faire usage.

(On apporte des fusils, des piques, des haches, des faulx, des sacs de pierres.)

ASTELIN, *aux chefs.*

C'est à vous, mes amis, à distribuer ces armes avec discernement : les armes à feu aux tireurs connus pour les plus habiles ; les haches, les massues aux bras les plus vigoureux, les gourdins aux bâtonnistes les plus exercés ; les piques et les sabres à ceux qui ont déjà servi, et les pierres aux gamins.

CHARLOT.

Tu m'as promis un fusil.

ASTELIN, *lui donnant un pistolet.*

En voici un à ta taille.

CHARLOT.

C'est égal, je m'approcherai de plus près.

ASTELIN

Maintenant, mes enfans, avant de partir il nous reste une disposition à prendre : nous sommes tous également braves, je le crois, tous également déterminés à défendre nos droits au péril de notre vie ; mais nous ne sommes pas tous également propre au commandement. Pour moi, d'abord, je ne suis plus ni d'âge ni de force à m'acquitter des fonctions de commandant en chef, dont vous m'avez investi, je me borne à commander ma compagnie d'ouvriers, et je suis prêt à obéir à celui que vous allez désigner pour se mettre à la tête du mouvement général de notre faubourg.

ACCLAMATIONS.

Gaspard, Gaspard.

GASPARD.

Non, mes amis, ce n'est pas à moi que cet honneur est réservé, c'est au plus jeune d'entre nous.

CHARLOT.

Dans ce cas, c'est moi; en avant, marche!... *(On rit.)*

GASPARD.

Non, ce n'est pas encore toi; c'est Georges Vernance, élève de l'école polytechnique, ici présent, qui nous amène le détachement du faubourg Saint-Marceau.

ASTELIN.

Vive l'école! allons, mon jeune camarade, point de fausse modestie.

L'ÉLÈVE.

J'accepte l'honneur de me faire tuer à votre tête... Allons former nos peletons dans la cour... Chacun à sa troupe.

(Tout le monde sort.)

CHARLOT.

A moi, les gamins.

(Une foule d'enfans vient se réunir à Charlot, et ils sortent tous en criant : *A bas le ministère!*)

SCÈNE XIII.

(Le théâtre représente un salon richement décoré de l'appartement de madame Astelin).

MADAME ASTELIN, AUGUSTINE ASTELIN.

(Augustine est à la fenêtre, madame Astelin arrose des lis qui parent la cheminée.)

MADAME ASTELIN.

Mes lis sont plus beaux que jamais, j'en accepte l'augure ; je tremble cependant, quand je songe à quels périls leur triomphe certain expose mon mari et mes enfans.

AUGUSTINE.

Maman, je vois accourir mon grand-oncle Dutremblet ; il a son écharpe blanche, et les petits garçons le poursuivent en criant à la chianlit !

MADAME ASTELIN.

Les petits misérables ! ... Voilà pourtant les fruits de cette école d'enseignement mutuel, fondée par votre père.

AUGUSTINE.

Non vraiment, ce sont les élèves des ignorantins ; j'en reconnais plusieurs.

(*Entre Montremblet.*)

MONTREMBLET.

Eh bien ! ma nièce, ne vous l'avais-je pas dit, que le roi serait obligé d'employer les grands moyens ? Mon adjoint revient de là-bas... Quelques charges de gendarmerie et une fusillade bien nourrie de nos braves Suisses, ont suffi pour anéantir la révolte... Les factieux sont en pleine déroute.

MADAME ASTELIN.

Pourquoi donc, mon oncle, avez-vous l'air si effrayé.

MONTREMBLET.

Parce que mon adjoint m'a dit que, dans leur fuite, les mutins dépavaient les rues et cassaient les réverbères.

AUGUSTINE.

Tenez, les voilà qui en font autant devant notre porte.

MADAME ASTELIN.

Vous êtes en costume, monsieur le Maire; allez donc vous opposer...

MONTREMBLET.

Vous n'entendez rien à l'administration, ma chère amie : ces détails regardent mon adjoint. *Non curat prœtor de minimis.*

MADAME ASTELIN.

Il est bien question de curés ou de minimes.

MONTREMBLET.

Je vais voir ce qui se passe sur le boulevart, du haut du belvéder. (*Il sort par une porte de côté.*)

AUGUSTINE, *à la fenêtre.*

Patatra! encore un réverbère cassé.

LA FOULE, *en dehors.*

Vive la charte! vive monsieur Astelin!

MADAME ASTELIN.

Retirez-vous donc de la fenêtre, mademoiselle; vous allez faire casser nos vîtres.

AUGUSTINE.

Ne craignez rien, ils crient vive mon père! entendez-vous?

(Entre le père Astucio, quelques dames et quelques seigneurs de la cour.)

LE PÈRE ASTUCIO.

Tout va bien, très-bien; les troupes du roi font merveille. Le duc de Montmart me l'a promis, demain Paris sera aussi tranquille que le jour de la naissance de son altesse royale le duc de Bordeaux; en attendant, j'ai engagé mes nobles amis à venir vous demander un asile pour cette nuit. Madame Astelin, j'ai l'honneur de vous présenter mesdames les duchesses de Montvermeil et Desarcis, messieurs les marquis de Vernissac et de Fortempierre; ces messieurs qui les accompagnent, sont également des gens de qualité.

MADAME ASTELIN.

J'aurais cru qu'en cette circonstance la place de ces messieurs était à Saint-Cloud.

LE DUC DESARCIS.

Nous étions en route pour nous y rendre, mais nous avons été arrêtés par les barricades.

SOPHIE DE MONTVERMEIL, *à part à Augustine.*

Ils ont tous passé la journée en prières à l'hôtel des Missions.

MADAME ASTELIN.

Vous êtes bien sûr, mon révérend père, que la bonne cause triomphera?

LE PÈRE ASTUCIO.

Vous est-il permis d'en douter, ma chère fille, quand je vous ai fait part des visions célestes du premier ministre, et de la neuvaine à la Vierge, à laquelle le roi s'est formellement engagé? Jugez si sa majesté est tranquille sur l'événement, elle a passé à la chasse une grande partie de la journée d'hier, et doit y être retournée ce matin.

LE DUC DE VERNISSAC.

Le roi et le dauphin sont à la chasse tandis qu'on se fusille à Paris, il est clair qu'il n'y a rien à craindre; sans cela, serais-je ici, moi, qui ai fait serment de mourir au pied du trône! ce serment, je le renouvelle.

TOUS.

Nous le renouvelons tous.

(Entre un séminariste déguisé en homme du peuple et portant la cocarde tricolore.)

LE SÉMINARISTE.

Révérend père, les brigands ont forcé les portes du séminaire de Saint-Sulpice, et nous ont mis dehors en nous accablant d'injures.

LE PÈRE ASTUCIO.

Et vous êtes sortis! Vous deviez mourir à votre porte.

LE SÉMINARISTE.

C'était bien notre intention à tous; mais ces hommes féroces n'ont jamais voulu nous donner la mort; ils se sont contentés de nous chasser à grands coups de pieds dans... ce que vous savez, mon révérend.

LE PÈRE ASTUCIO.

Comment osez-vous, monsieur, vous présenter devant moi affublé de la sorte?

LE SÉMINARISTE.

Pour ne pas être assassiné en chemin:

tout le monde a pris cette cocarde ; malheur à ceux qui sortiraient sans ce passeport ; j'en ai fait provision (*il les montre*), et si sa révérence veut permettre, je vais en attacher une à son chapeau.

LE PÈRE ASTUCIO.

Lâche ! vous osez me proposer !...

AUGUSTINE.

Maman, viens donc voir, une foule immense s'avance en chantant un air que j'entends pour la première fois.

(*On entend la Marseillaise.*)

LE PÈRE ASTUCIO.

Juste ciel ! la Marseillaise ! N'écoutez-pas cela, mademoiselle.

AUGUSTINE.

Un détachement entre chez nous... Ambroise, un de nos ouvriers, est à la tête.

LE PÈRE ASTUCIO.

Le ciel ne défend pas de veiller à sa conservation, et de tromper l'espoir des assassins. Mes frères, je vous autorise à prendre le signe de la rébellion, sous la restriction mentale de la maudire au fond de votre cœur et d'en faire pénitence dix jours de suite aux stations du Calvaire, quand le danger sera passé. *(Il ôte sa soutane et s'attache deux cocardes, l'une à son chapeau et l'autre à sa poitrine. Tous les autres hommes en font autant, et au moment où Ambroise entre, le père Astucio dit à haute voix)*: Allons combattre les satellites de la tyrannie!

AMBROISE, *à madame Astelin.*

Notre bourgeois m'envoie vous dire que le peuple, repoussé d'abord à la place de l'Odéon et dans la rue Dauphine, se rallie intrépidement sous le feu de l'ennemi.

LE DUC DE MONTVERMEIL.

Comment peuvent-ils se rallier sans armes?

AMBROISE.

Ils en ont trouvé chez les armuriers.

LE PÈRE ASTUCIO.

Ils ont pillé leurs boutiques.

AMBROISE.

Non vraiment, on leur a fait crédit. Je retourne au combat; si ces messieurs veulent me suivre, je les conduirai au bon endroit.

LE PÈRE ASTUCIO.

Volontiers, mon brave. (*A part.*) Suivons-le; il fera nuit dans un moment, nous le quitterons et nous tâcherons de gagner Montrouge.

LE DUC DESARCIS, *tirant son épée.*

Allons, messieurs, marchons.

AMBROISE, *à madame Astelin.*

Le bourgeois m'a encore chargé de vous dire, madame, qu'il vous autorisait à recevoir chez vous tous ceux qui viendraient y chercher un asile, royaliste ou patriote indistinctement. Vous, mademoiselle Augustine, votre père vous ordonne de faire descendre tous les matelas de la maison dans le grand atelier, et d'y préparer des lits pour les blessés.

AUGUSTINE.

Ambroise, mon père craint donc qu'il y ait des blessés ?

AMBROISE.

Il y en a déjà, mademoiselle, et l'on croit bien que la journée de demain peuplera nos cimetières et nos hospices.

AUGUSTINE.

Ah, mon Dieu! si mon père, si mes frères....

AMBROISE.

Dame, mademoiselle, il y a des balles pour tout le monde.

MADAME ASTELIN, *au père Astucio.*

Vous m'aviez assuré qu'il n'y aurait pas de sang répandu.

LE PÈRE ASTUCIO, *bas à madame Astelin.*

Du sang royaliste, madame. Quant à votre époux et à vos fils, votre piété trouvera grâce pour eux, je l'espère.

MADAME ASTELIN, *aux dames.*

Nous allons passer dans le corps de logis au fond du jardin (*On entend des décharges de mousqueterie*). Le bruit du moulin à foulon nous empêchera d'entendre ces épouvantables détonations. Toi, Augustine, tu vas assembler toutes les femmes et toutes les filles de nos ouvriers, et nous passerons la nuit ensemble à couper des bandes de toile et à faire de la charpie.

(*Tout le monde sort.*)

SCÈNE XIV.

LE 28 JUILLET.

(Le théâtre représente la galerie de l'hôtel Grangeval, décorée de tableaux de la révolution, et des bustes en marbre de tous les grands hommes qu'elle a produits. Il fait nuit, la galerie n'est éclairée que par deux lampes. D'Olbreuse est assis dans un grand fauteuil à oreillettes. Le général Grangeval se promène à grands pas et s'arrête souvent pour prêter l'oreille au tocsin et aux détonations du canon que l'on entend à des intervalles plus ou moins rapprochés.)

D'OLBREUSE, LE GÉNÉRAL GRANGEVAL.

GRANGEVAL.

Quelle nuit! et de quels jours sera-t-elle suivie?

D'OLBREUSE.

De dix siècles de gloire, c'est moi qui le prédis.

GRANGEVAL.

Nous l'achèterons bien cher, cette victoire, si nous la remportons. Ces canonades!.. Le sang coule à grands flots, mon vénérable ami, et mon fils, mes petits-fils, mes gendres, sont au plus fort de la mêlée!... Le ciel m'est témoin cependant que le sort de ma patrie, qui se décide peut-être en ce moment, est le premier intérêt de ma pensée.

D'OLBREUSE.

J'en suis sûr, mon cher général, et la France le croira comme moi.... Le tocsin avait cessé... il recommence; les nôtres ont repris l'Hôtel-de-Ville. Quel bonheur que ces dames et leurs enfans soient retournés à Grangeval, et qu'elles ne sachent de ce qui se passe ici que ce qu'il nous convient de leur apprendre!

GRANGEVAL.

Le jour paraît, on n'entend plus que des coups de fusil isolés qui partent nécessairement de nos tirailleurs... Quels cris!...

LA FOULE, *en dehors.*

Vive la Charte! à bas les Bourbons! vive notre vieux général!

GRANGEVAL, *au balcon.*

Vive la liberté! vive la France!

D'OLBREUSE, *au balcon.*

Vive la liberté! vive la France! vivent les Parisiens.

UNE VOIX, *au dehors.*

L'insurrection est générale.

D'OLBREUSE.

Je mourrai donc dans un pays libre!

(*Entre une députation.*)

ASTELIN PÈRE, *chef de la grande députation.*

Général, nous venons, au nom du peuple de Paris, et, nous osons le dire, au nom de la France entière, vous confier, dans ce moment suprême, le commandement en chef de la garde nationale.

GRANGEVAL.

Mes chers concitoyens, mes braves camarades, la confiance du peuple français, dont je vois en vous les représentans, m'appelle au commandement de la force publique; j'accepte avec joie et dévouement les devoirs qui me sont confiés; je ne ferai pas de profession de foi, mes sentimens vous sont connus, la liberté triomphera ou nous périrons ensemble.

TOUS.

Vive la liberté et son plus illustre défenseur! (*Le général entre un moment dans ses appartemens.*)

D'OLBREUSE.

Mes enfans, votre noble enthousiasme fait bouillonner mon vieux sang dans mes veines; vous allégez pour moi le poids d'un siècle qui m'accable. Maintenant je puis mourir, le soleil de la liberté réchauffera ma cendre.

ASTELIN.

Honneur, cent fois honneur à la vieillesse patriotique, respect au vénérable d'Olbreuse.

GRANGEVAL, *rentrant en habit de garde national, un drapeau tricolore à la main.*

Marchons, mes amis, à l'ombre du drapeau de Jemmapes et d'Austerlitz.

(*Il le remet à Astelin.*)

ASTELIN.

Salut au drapeau tricolore, et vive la patrie et la liberté.

TOUS.

Vive la patrie et la liberté.

ASTELIN, *présentant le drapeau à d'Olbreuse.*

C'est à vous à le bénir; quel plus noble sacerdoce que celui de la vieillesse et de la vertu !

D'OLBREUSE.

Allez, mes enfans, combattez avec confiance sous cet étendard sacré; votre triomphe est certain : le ciel attache à cette bannière la liberté, la victoire et la paix ; ne craignez rien désormais de la coalition des rois : le drapeau tricolore sait le chemin de toutes leurs capitales.

GRANGEVAL.

A l'Hôtel-de-Ville, en avant! marche!

(Tous le monde sort en chantant le vieux drapeau de Béranger.)

D'OLBREUSE.

Je ferai l'arrière-garde; c'est vous dire de ne pas trop compter sur elle pour arrêter l'ennemi, s'il enfonçait le corps d'armée.

SCENE XV.

PRISE DE L'HOTEL-DE-VILLE.

(Le théâtre représente la place de Grève et ses environs.)

GEORGES, *de l'autre côté du pont de fer.*

Le bourdon ne sonne plus, les Suisses ont repris l'Hôtel-de-Ville : c'est à nous de les en débusquer pour la dernière fois...

GASPARD.

Je m'appelle Arcole; suivez mon drapeau.

(Il s'élance sur le pont suspendu du l'Hôtel-Dieu et tombe frappé d'une balle.)

CHARLOT.

Mon frère est blessé : à moi le drapeau.

(Il s'en empare et continue à courir sur le pont en avant de sa troupe).

GEORGES.

Mes camardes, n'abandonnons pas ce héros; que quatre hommes de la queue de la colonne le transportent à l'Hôtel-Dieu; dans une heure nous irons savoir de ses nouvelles, et lui donner des nôtres. (*Sur la place, à la foule qui recule en désordre sous le feu des Suisses.*) Halte ! ou nous tirons sur les lâches.

UN CITOYEN.

Comment avancer, cette pièce de canon qui nous foudroie ?...

GEORGES.

Eparpillez-vous, et fonçons de toutes parts sur la pièce; amis ! le rendez-vous est sur le perron de l'Hôtel-de-Ville... Aux plus braves la pièce de canon !...

(On s'élance aux cris de mort aux Suisses, vive la liberté ; Georges, suivi d'un petit nombre des siens, marche droit sur la pièce après une décharge, et va tuer le canonnier au moment où il allait y remettre le feu ; un combat terrible s'engage corps à corps sur le perron de l'Hôtel-de-Ville.)

SCENE XVI.

(Le théâtre représente la grande salle de l'Hôtel-de-Ville; d'Olbreuse et plusieurs notables sont assis autour d'une table et délibèrent avec tranquillité au bruit de la fusillade et du canon.)

D'OLBREUSE, LA COMMISSION MUNICIPALE, etc.

D'OLBREUSE.

Messieurs, quand nous sommes entrés dans cette enceinte, les citoyens en étaient maîtres; l'ennemi, pour la seconde fois, les en a délogés, et nous n'avons plus pour défenseurs qu'une cinquantaine de braves qui veillent à cette porte, déterminés à mourir avec nous, si les satellites de la tyrannie restent vainqueurs dans le combat qui se livre en ce moment: poursuivons avec calme les travaux qui nous ont réunis; mais avant de procéder à la nomination du gouvernement provisoire, prononçons sur cette question de fait, quel que soit l'événement, la branche aîné des Bourbons a-t-elle cessé de régner sur les Français.

TOUS.

Oui, oui, sans retour !

UN CITOYEN.

Charles X, en violant ses sermens, nous a délié des nôtres... (Ecoutez, écoutez).

(On entend le tocsin.)

GEORGES, *il entre suivi d'une foule de citoyens, dont quelques-uns portent des flambeaux.*

Citoyens, vous êtes libres, nous nous sommes frayés jusqu'à vous un chemin sanglant; par malheur ce n'est pas seulement un sang ennemi qui rougit les flots de la Seine. Continuez, pères de la patrie, à régler ses grands intérêts, tandis que nous irons achever son triomphe aux lieux où les ennemis se défendent encore.

D'OLBREUSE.

Courez, brave jeunesse, valeureux étudians des trois écoles, héroïques faubouriens, courez, sous les ordres de ce vieux général de vingt ans (*montrant Georges*), remplir les destinées du grand peuple, et recevez la bénédiction d'un des doyens de l'humanité.

TOUS.

Vive le patriarche de la liberté ! l'ami du grand patriote ! A bas les carlistes ! Vive la France.

(*Tout le monde sort.*)

SCÈNE XVII.

LE 29 JUILLET.

(Le théâtre représente la place de Saint-Michel).

LE DUC DE MÉRANTE, JORIS, LEROUX, CITOYENS DE TOUTES LES CLASSES.

LE DUC DE MÉRANTE, *harangant une foule d'ouvriers qui l'entourent, en veste, coiffé d'un bonnet de police* (1).

Ah ça, mes amis, voici l'instant décisif! Les deux bataillons de la garde royale qui s'avancent pensent avoir bon marché de nous; vous voyez qu'ils se séparent, ils veulent nous prendre entre deux feux; le plus souvent! Divisons-nous en peletons de quinze ou vingt hommes, et emparons-nous des maisons qui font le coin de rue; moi, je reste, avec le gros de la troupe, derrière le corps-de-garde dont nous sommes maîtres.

(1) Historique.

JORIS., *s'approchant.*

Eh! mais, c'est le duc de Mérante..

LE DUC.

Quand cela serait?

UN OUVRIER.

Lui, un duc! c'est un fameux gaillard, tout de même.

UN AUTRE.

C'est donc cela qu'il a ses poches pleines d'argent, et que depuis ce matin il en offre à tout le monde.

LE DUC.

En tous cas, ma générosité ne me ruinera pas, puisque je n'ai encore pu faire accepter un écu à personne.

UN OUVRIER.

Ah! ça ce n'est pas vrai : vous avez payé à dîner au détachement.

LE DUC.

Quarante francs pour vingt-cinq personnes, sur quoi vous m'en avez rapporté dix.

UN OUVRIER.

C'était bien assez ; nous n'avons pas bu de vin ; un jour comme celui-ci il ne faut perdre la tête.

LE DUC.

Les voilà qui débouchent par les rues de la Harpe et des Francs-Bourgeois.... A vos postes.

UN FAUBOURIEN CHEF.

Ah ça vous autres, gens à piques, attention ! tenez-vous prêts à vous emparer des fusils de messieurs les royaux, à qui nous allons faire descendre la garde.

UN PETIT GARÇON DE DIX ANS.

Pas vrai, père Leroux, que tu m'as promis ton fusil quand tu seras mort.

LEROUX.

Mon Dieu, oui, je vais me faire tuer tout exprès pour ça.

(Le combat s'engage.)

SCÈNE XVIII.

LE 29 JUILLET.

(Le théâtre représente la cour de la maison n° 15, rue de Richelieu. Dans une vaste remise ouverte, on voit plusieurs dames occupées à panser des blessés étendus sur des matelats).

DESVALLÉES, MADAME NICAUD, JORIS, AMBROISE, OUTINE, PEUPLE.

DESVALLÉES, *amenant un blessé* (1).

Courage, mesdames, voici encore un brave que je vous amène; mais celui-ci sera le dernier, j'espère : les blancs sont réfugiés vis-à-vis et dans l'intérieur du Théâtre-Français, ils n'ont d'autre parti à prendre que de se rendre à discrétion.

UNE DAME, *regardant le blessé.*

C'est monsieur Nicaud!

MADAME NICAUD.

Hélas oui! madame, c'est mon mari; les misérables l'ont frappé dans mes bras.

(1) Historique.

DESVALLÉES.

Posons-le sur ce matelas, en attendant le docteur, qui est occupé dans la maison voisine; peut-être pourrons-nous mettre à sa blessure le premier appareil : où a-t-il été frappé?

MADAME NICAUD.

Voyez le trou de la balle...

DESVALLÉES, *ouvrant la veste.*

Au milieu de la poitrine. La blessure ne saigne pas. *(A part.)* C'est un homme mort.

MADAME NICAUD.

Je vais sucer la plaie.

(On entend une nouvelle décharge.)

DES VALLÉES, *court à la porte cochère.*

Encore. *(Il reconnaît M. Joris au milieu de la foule que dispersent quelques coups de fusil qui viennent d'être tirés du haut du balcon du théâtre, et le fait entrer dans la cour.)* Que diable faites-vous là, monsieur Joris, au milieu de la rue, vos tablettes à la main ?

JORIS.

Mon ami, j'observe.

DESVALLÉES.

Le moment et le lieu sont bien choisis.

JORIS.

On m'avait dit que tout était fini de ce côté.

DESVALLÉES.

Ce n'est pas votre faute si tout n'est pas fini pour vous, du moins.

JORIS.

C'eût été dommage, le tableau que j'étais en train d'esquisser mérite d'être achevé. *(Il entre dans la remise où sont les blessés, et reconnaît son porteur d'eau.)* C'est toi, mon pauvre Ambroise ?

AMBROISE.

Eh dame ! oui, ma pratique.

JORIS.

Tu as été blessé !

AMBROISE.

Et vigoureusement, je m'en vante..... Je l'ai bien gagné tout de même, car j'ai bien troué, pour ma part, une bonne demi-douzaine d'habits rouges. Ce qui me fâche, c'est que ma pauvre femme est dans son lit depuis six semaines, et qu'en apprenant mon aventure elle est femme à en mourir.

JORIS.

Tu as la jambe fracassée.

AMBROISE.

Cassée, s'il vous plaît, et le plus proprement du monde, demandez plutôt à monsieur le docteur, qui m'a rabouté les deux morceaux.

LE DOCTEUR.

Avant quarante jours, ce brave homme sortira de l'hôpital ; il n'y paraîtra plus.

AMBROISE.

Et pendant ce temps-là, qu'est-ce qui servira mes pratiques?

JORIS.

C'est moi, mon ami; ta femme, que je vais aller voir, m'en donnera la liste, et je me charge de te remplacer : je me fais porteur d'eau par *intérim*.

AMBROISE.

Ce serait drôle tout de même, de voir un poète conduire le tonneau.

JORIS.

Par le temps qui court, mon ami, ton métier vaut mieux que le mien : dans les lettres, il n'y a plus d'eau à boire. Sois tranquille, pourtant, je ferai ta besogne sans me fatiguer.

(On entend une décharge de mousqueterie.)

AMBROISE.

Allons, ramasse ton bras... V'là le bal qui recommence.

(Au bruit de la fusillade, Desvallée et Joris sont accourus sur le seuil de la grande porte, au moment où un homme en chemise se précipitait dans la rue du haut d'un premier étage; il était tombé sans se faire aucun mal : la foule qui l'entoure pousse des cris de mort).

LA FOULE.

Tuez, tuez, c'est un officier de la garde royale.

OUTINE.

J'ai tiré sur vous (1), je mérite la mort; frappez, je ne demande point grâce, mais pitié..... Contentez-vous de m'ôter la vie. *(A un homme qui s'avance sur lui et qui va le percer d'un coup de lance.)* Mon camarade, en me frappant au hasard vous me blesserez, vous ne me tuerez pas. *(Ecartant sa cravate, et lui indiquant la place où il doit frapper.)* C'est là qu'il faut enfoncer le fer.

(La contenance de cet homme suspend la fureur populaire).

(1) Historique.

JORIS, *perçant la foule et s'adressant au peuple.*

Citoyens, en ma qualité d'auteur dramatique, je demande grâce pour cet intrépide soldat; il y a du patriotisme au fond d'un si grand cœur; laissez-le vivre, la patrie et la liberté vous en remercieront un jour : je suis son garant.

LA FOULE.

Grâce! grâce!

L'HOMME A LA PIQUE, *au garde royale.*

Crie, mort à Charles X.

OUTINE.

Vive la France et la liberté!

LA FOULE.

Bravo! bravo!

L'HOMME A LA PIQUE.

Je te dis de crier, mort à Charles X, ou je t'enfonce.

OUTINE.

A bas Charles X ! et vive la France !

JORIS.

Citoyens, ces vœux sont les vôtres : vous avez prononcé sa grâce, n'est-il pas vrai ?

LA FOULE.

Oui, oui,

(Un ouvrier le coiffe de sa casquette ornée de rubans tricolore.)

DESVALLÉES, *le prenant sous le bras.*

Conduisons-le au corps de garde de la Bourse.

L'HOMME A LA PIQUE, *s'en allant du côté du Louvre.*

C'est un aristocrate, tout de même, il n'a pas voulu crier vive la mort de Charles X (1).

SCENE XIX.

L'INTÉRIEUR DES TUILERIES.

JORIS, ASTELIN Père (ils se rencontrent sur le grand escalier).

JORIS.

Embrassons-nous, monsieur Astelin; j'étais bien sûr qu'un aussi grand citoyen ne serait pas demeuré inactif dans cette crise terrible; mais je ne m'attendais pas à le trouver, la casquette en tête et la dague au poing, sur le grand escalier des Tuileries.

ASTELIN.

Je suis venu par le Louvre, où mes ouvriers ont fait merveille; malheureusement, j'en ai laissé trois au pied de la colonnade, où l'on creuse en ce moment leur tombe.

JORIS.

Et vos fils, monsieur Astelin?

ASTELIN.

L'aîné, Gaspard, a été grièvement blessé hier à l'attaque de l'Hôtel-de-Ville, où il commandait un détachement du faubourg Saint-Antoine, et je viens chercher ici le plus jeune, mon petit Charlot, qui m'a quitté ce matin, en me donnant rendez-vous dans la salle du trône.

JORIS.

Quelle famille de héros! Cent hommes comme vous, monsieur Astelin, suffiraient pour expliquer le miracle d'une révolution opérée en trois jours, et qui doit avoir pour dernier résultat de changer les destinées du monde.

(Ici la foule les sépare, et Joris est porté par le torrent presque dans la salle du Conseil, où cinq ou six cents hommes, qui l'encombrent, font d'amples libations sur la table du Conseil, chargée de bouteilles de vin trouvées par eux dans les caves du château.)

CHOEUR DE BUVEURS.

Qu'il avait de bon vin
Le seigneur châtelain.

(Ils lancent les bouteilles vides contre le buste de Charles X et contre les glaces, qui volent en éclats).

JORIS, *monte sur une table, et essayant de haranguer les buveurs.*

Citoyens, vous achevez en ce moment une révolution sans exemple dans l'histoire du monde; trois jours vous ont suffi pour détrôner un roi parjure, ne gâtez pas votre ouvrage, triomphez sans excès, sans désordre, comme vous avez vaincu.

QUELQUES VOIX.

A bas le vieil aristocrate!

AUTRES VOIX.

C'est quelque émissaire de Saint-Cloud!

AUTRES VOIX.

Oui, c'est un missionnaire, un jésuite.

UNE VOIX.

C'est le sommelier du bon plaisir.

UN HOMME IVRE.

Rendons-lui ses bouteilles. Tiens, voilà la mienne. *(Il la jette à la tête de Joris, qui l'esquive en sautant en bas de la table.)*

ASTELIN.

Que faites-vous, mes amis? C'est un des nôtres, un des fondateurs de la société *Aide-toi, le ciel t'aidera;* c'est le vieux patriote Joris, que vous outragez !

LA FOULE.

Vive Joris! vive l'ami de monsieur Astelin!...

CHARLOT, *dans les bras de son père.*

Vive mon père!

ASTELIN, *embrassant son fils.*

C'est toi, mon petit Charlot! je te cherchais; d'où viens-tu donc?

CHARLOT.

Vous le voyez, mon père, je suis du cortége... Place... place... (*On voit, porté sur un brancard formé de fusils croisés et surmonté par des drapeaux tricolores, le corps d'un jeune élève de l'Ecole polythecnique, dont le front a été frappé d'une balle.*) Portons-le dans la salle du trône!

TOUS.

A la salle du trône...

(Le théâtre change.)

SCÈNE XX.

LA SALLE DU TRONE.

ASTELIN PÈRE, *qui a suivi le cortége.*

Placez le héros expiré sur le trône même de Charles X, et jurons par le sang qui coule de sa blessure, que la branche aînée des Bourbons n'y remontera jamais (1)!

TOUS.

Nous le jurons!

ASTELIN.

Maintenant, brisons ce trône odieux, et sur ses débris, purifiés par un sang généreux, reportons le glorieux cadavre dans la tombe du Louvre, ou sont déjà déposés d'illustres victimes!...

(Ce qu'a commandé Astelin s'exécute, et le cortége, suivi de la foule des assistans, se remet en marche.)

(1) Historique.

SCÈNE XIX.

RAMBOUILLET.

(Le théâtre représente l'avenue et le rond-point en face du château de Rambouillet. Dans le fond, autour du château, on remarque un grand mouvement de troupes et de gens à la livrée du Roi. Un officier général, à la tête d'un fort détachement, s'est porté au-devant d'un colonel portant la cocarde tricolore, qui s'avance en parlementaire.)

LE GÉNÉRAL, LE COLONEL.

LE GÉNÉRAL.

N'avancez pas!

LE COLONEL.

je viens en parlementaire.

LE GÉNÉRAL.

Apportez-vous la soumisson des rebelles?

LE COLONEL.

Je dois rendre au roi seul compte de ma mission.

LE GÉNÉRAL.

Le roi ne veut pas vous entendre.

LE COLONEL.

Savez-vous, général, qu'il y va de sa sûreté personnelle; et peut-être...

LE GÉNÉRAL.

Eloignez-vous, monsieur, sans ajouter un mot, ou vous payez de votre vie l'insolence de vos menaces.

LE COLONEL, *faisant quelques pas.*

Je dédaigne les vôtres, et je vous déclare que je ne retournerai pas auprès de ceux qui m'envoient avant d'avoir rempli ma mission.

LE GÉNÉRAL.

Arrêtez! monsieur, arrêtez, vous dis-je, ou je fais tirer sur vous.

(Il fait avancer un peloton qui met le colonel en joue.)

LE COLONEL.

Général, vous avez reconnu en moi votre ancien aide-de-camp, et vous savez jusqu'où je porte l'entêtement du devoir...

LE GÉNÉRAL.

Pour la dernière fois, retirez-vous.

LE COLONEL, *avance deux pas et croise ses bras sur sa poitrine.*

Non...

LE GÉNÉRAL, *à sa troupe.*

Feu!

(Le colonel, blessé, tombe en bas de son cheval; au même moment on voit accourir quelques détachemens de la garde nationale, et les troupes du Roi se replient sur le château.)

SCENE XXII.

GRANDE PÉRIPÉTIE.

LE MARÉCHAL, LE CARDINAL, LES MINISTRES.

LE MARÉCHAL.

C'en est fait, monsieur le cardinal, et grâce à vos avis, Charles X a régné.

LE CARDINAL.

Dites, grâce à la trahison des troupes

dont le roi, contre mon avis, vous avait confié le commandement.

LE MARÉCHAL.

Le roi n'a été trahi que par vous et par vos semblables. C'est vous et votre infâme milice des jésuites qui l'avez précipité du trône, en appelant sur lui et sur sa famille la haine dont vous êtes l'objet.

LE CARDINAL.

Heureusement, ce que vous appelez ma milice se décourage moins facilement que la vôtre. Paris n'est pas la France, et le ciel, qui la protége, n'attend peut-être que le triomphe momentané de l'impie pour signaler sa vengeance!

LE MARÉCHAL.

Qu'il se presse donc! car le triomphe de l'impie est aussi complet qu'il peut l'être : un gouvernement provisoire est établi; le roi l'a reconnu en communiquant avec lui; il ne me reste plus qu'à quitter la France;

et je vous laisse le soin, monsieur le cardinal, de conseiller au roi d'en faire autant. (*Il sort.*)

UN MINISTRE.

Quel que soit le sort de sa majesté, je jure de le partager.

LES AUTRES MINISTRES.

Nous le partagerons tous!

LE CARDINAL.

Non pas, messieurs; le roi exige de vous une toute autre preuve de fidélité.

LES MINISTRES.

Que faut-il faire?

LE CARDINAL.

Imiter le maréchal; vous retirer sur-le-champ; dans l'état de choses actuel, il est possible que sa majesté soit réduite à s'absenter momentanément de son royaume, et vous concevez que votre présence pourrait le compromettre dans sa fuite.

UN MINISTRE.

Mais nous éloigner du roi dans ce moment, c'est nous dévouer à l'échafaud : nous n'avons de recours que sous la protection de son inviolabilité.

LE CARDINAL.

Mais la charte, que Louis XVIII, contre mon avis, a voulu octroyer à son peuple, ne reconnaît d'inviolabilité que celle du roi ; voudriez-vous qu'il s'exposât à la violer, en vous faisant entrer dans le partage de sa prérogative royale ?

UN MINISTRE.

Voilà donc la récompense de notre dévoûment.

UN AUTRE MINISTRE.

De quoi pouvons-nous nous plaindre ? N'avons-nous pas offert notre tête ? Sa gracieuse majesté nous fait l'honneur de l'accepter ; c'est ainsi que les choses se sont passées de tout temps. Ne nous faisons donc pas prier; partons, mes chers collègues, et sauve qui peut! (*Les ministres sortent.*)

LE CARDINAL, *seul.*

Me voilà maître du terrain; j'avais besoin d'écarter ces gens là pour obtenir du roi qu'il rompît brusquement toute conférence et qu'il se retirât, dès demain, vers la Vendée, où tout est disposé pour le recevoir.

SCENE XXIII.

LE ROI, LE CARDINAL, UN GÉNÉRAL.

LE GÉNÉRAL.

Oui, sire, les rebelles avaient député vers vous un officier, mon ancien aide-de-camp : il venait en parlementaire.

LE ROI.

Sans doute il apporte des paroles de conciliation; je consens à l'entendre... Qu'il entre!

LE GÉNÉRAL.

Mais, sire, vous m'aviez vous-même donné l'ordre de ne recevoir aucun envoyé des rebelles, et, s'il le fallait, de repousser par la force toute tentative de ce genre?...

LE ROI.

Eh bien! je le révoque, cet ordre... (*Au général qui paraît hésiter*) Vous entendez, monsieur?

LE GÉNÉRAL.

Mais, sire... il est exécuté...

LE ROI.

Qu'est-ce à dire, exécuté?

LE GÉNÉRAL.

Le parlementaire a voulu forcer la consigne... on a tiré sur lui.

LE ROI.

Sur un parlementaire!... mais, monsieur,

c'est une infamie, c'est une odieuse trahison dont vous aurez à rendre compte devant un conseil de guerre...

LE GÉNÉRAL.

Sire, vous avez mis Paris en état de siége; le conseil de guerre est assemblé à l'Hôtel-de-Ville, et je cours me présenter à mes juges. (*Il sort*).

LE ROI.

Cardinal, que dites-vous d'une pareille insolence?

LE CARDINAL.

Je dis, sire, qu'après avoir reconnu un autre gouvernement que le vôtre, vous pouvez être bientôt forcé vous-même de comparaître devant le conseil de guerre siégeant à l'Hôtel-de Ville...

SCÈNE XXIV.

DÉCHÉANCE, ABDICATION.

LE ROI, LE CARDINAL, UN OFFICIER D'ORDONNANCE.

L'OFFICIER.

Sire, un vieillard, d'un âge extrêmement avancé, sollicite de votre majesté la faveur d'un moment d'audience?

LE CARDINAL.

D'où vient-il?

L'OFFICIER.

De Paris.

LE CARDINAL.

De quelle part?

L'OFFICIER.

D'un gouvernement de l'Hôtel-de-Ville, si j'ai bien entendu.

LE CARDINAL.

Votre majesté ne doit pas le recevoir....

L'OFFICIER.

A l'en croire, il faut qu'il parle à sa majesté à l'instant même; dans une heure il ne serait plus temps.

LE ROI, *au cardinal.*

Vous voyez bien...

LE CARDINAL.

C'est encore quelque émissaire des rebelles.

LE ROI.

Quand cela serait? Voulez-vous qu'on traite ce parlementaire comme on a traité l'autre? D'ailleurs, je suis curieux de savoir quelles propositions ils peuvent me faire.

LE CARDINAL.

Sire, hier encore, vous m'avez promis de n'en accepter aucune.

LE ROI.

Il s'est passé bien des événemens depuis ce jour, que vous appelez hier... Enfin, je veux l'entendre... (*A l'officier.*) Qu'on l'introduise. (*L'officier sort.*)

LE CARDINAL.

Sire, je ne puis être témoin d'une pareille conférence ; je me retire en vous répétant qu'il n'y a désormais de salut pour la religion, pour la monarchie, pour vous et votre famille, que dans la Vendée, où je m'engage à vous conduire. (*Le cardinal sort.*)

LE ROI.

Je me déciderai après avoir entendu le parlementaire.

SCÈNE XXV.

SOUVENIRS ET REGRETS.

LE ROI, D'OLBREUSE.

(Deux laquais, qui soutiennent d'Olbreuse, le quittent lorsqu'il entre dans le cabinet du Roi.)

D'OLBREUSE.

Si votre majesté avait daigné me recevoir hier matin à Saint-Cloud, peut-être ne serait-elle pas dans l'obligation de m'admettre aujourd'hui en sa présence à Rambouillet.

LE ROI.

Qui êtes-vous, monsieur?

D'OLBREUSE.

Le plus vieux de vos anciens sujets, sire. Je me rappelle encore qu'il y a près d'un siècle on me nomma d'Olbreuse, et que je fus l'ambassadeur, en Espagne, de votre aïeul Louis XV.

LE ROI.

D'Olbreuse! attendez!... je me souviens, dans ma première jeunesse, j'ai entendu parler de vous comme d'un philosophe, assez mauvais chrétien, comme d'un homme dangereux.

D'OLBREUSE.

Peut-être aussi comme d'un prophète de mauvais augure, qui prédisait dès-lors cette révolution dont je viens, aujourd'hui, vous annoncer la dernière catastrophe.

LE ROI.

Mais enfin, monsieur, que veut-on de moi? N'ai-je pas consenti à révoquer mes ordonnances du 25? N'ai-je pas consenti au renvoi de mes ministres?

D'OLBREUSE.

Il est trop tard, sire; la déchéance est prononcée.

LE ROI.

Ma déchéance!.... qu'osez-vous dire?...

D'OLBREUSE.

J'ose conjurer votre majesté de se faire justice à elle-même ; elle ne peut plus régner sur les Français.

LE ROI.

Et c'est vous, monsieur d'Olbreuse, vous, gentilhomme, qui me tenez un pareil langage, à moi, l'oint du Seigneur, votre maître, votre souverain légitime !

D'OLBREUSE.

Je l'ai tenu, ce langage, à votre aïeul Louis XV : il m'entendit lui prédire la chute de ce trône où il avait fait asseoir avec lui tous les vices. Il se bornait à désirer qu'il ne s'écroulât que sur sa tombe ; la fortune voulut accorder à ses successeurs un répit d'un demi-siècle : après vingt-cinq ans d'exil, elle vous avait replacé sur le trône de vos ancêtres. La haute leçon du malheur a été perdue pour vous, sire : vous n'avez rien appris et rien oublié (1), et la France du dix-neuvième siècle se vit gouvernée par des rois de la seconde race. Une nation, bouillonnant encore de gloire et de liberté, se trouvait tout à coup envahie par des courtisans et des prêtres. L'abrutissement paraissait au comble ; tout sentiment généreux semblait éteint; mais le feu sacré couvait sous la cendre de la restauration: la première étincelle fit éclater l'incendie.

LE ROI.

Je conviens de mes torts. Il est digne de vous, monsieur d'Olbreuse, de m'aider à les réparer : devenez médiateur entre le peuple et moi.

D'OLBREUSE.

Je le dis à regret, sire, toute réconciliation est désormais impossible : trop de sang,

(1) Ce mot, si souvent répété pendant la restauration, appartient à l'auteur de ce drame, et se trouve consigné pour la première fois dans le *Franc-Parleur*, tome 1er, n° 2.
(NOTE DE L'ÉDITEUR.)

trop de larmes s'élèvent entre la nation française et votre famille. Je ne me rappelle pas sans attendrissement que je vous ai vu naître; je n'ai point oublié que j'ai été élevé dans le respect des grandeurs dont ce jour vous a déchu; je me souviens d'avoir assisté à vos fêtes, et je me reproche d'avoir cru trouver dans les écarts de votre jeunesse une garantie contre les défauts qui ont précipité votre ruine, contre les jésuites qui spéculent encore sur les terreurs dont ils ont rempli votre âme, et qui leur livrent votre vieillesse.

LE ROI.

Ils m'ont perdu.... je le sens.... N'importe, j'aurai rempli jusqu'au bout les sermens qu'une amie, au lit de la mort, a exigés de moi.

(*Entre un officier de service.*)

L'OFFICIER.

Sire, les commissaires de la Chambre des

Députés arrivent à l'instant de Paris et viennent prendre vos ordres.

LE ROI.

C'est-à-dire qu'ils viennent me signifier les leurs.

D'OLBREUSE.

Ils ont mission de protéger votre retraite et celle de votre famille jusqu'à Cherbourg.

LE ROI.

Mais si je veux prendre une autre route?

D'OLBREUSE.

Votre majesté sentira la nécessité de suivre celle que la prudence indique.

LE ROI.

J'entends : on craint que des sujets fidèles ne se portent à ma rencontre.

D'OLBREUSE.

Non, sire; on craint que l'exemple sublime donné par le peuple de Paris ne soit pas suivi dans les départemens que vous allez traverser.

LE ROI.

Je partirai demain

D'OLBREUSE.

Aujourd'hui, sire, à l'instant même. Songez que les commissaires qui vous sont envoyés ont tout au plus deux heures d'avance sur les vingt mille hommes qui viennent attaquer Rambouillet.

LE ROI.

Ainsi, mes sujets me chassent : moi, Charles X, descendant de tant de rois, héritier du trône de saint Louis, forcé d'aller mendier un tombeau sur la terre étrangère!.... Monarque de droit divin, je ne demande pas au ciel de venger mon injure; vous rendrez témoignage, monsieur d'Olbreuse, que je quitte la France en priant pour mon peuple.

D'OLBREUSE.

Ses vœux vous accompagneront dans l'exil où le soin de son propre salut vous condamne, et dans lequel la religion consolera votre royale infortune.

LE ROI.

Partons.

FIN DE LA SIXIÈME ÉPOQUE.

ÉPILOGUE.

PERSONNAGES

DE L'ÉPILOGUE.

D'OLBREUSE.

GRANGEVAL.

ASTELIN.

CHARNENCEY.

LE COMMANDEUR DE SOMBREVAL.

FAUVEL.

LE COLONEL D'ARCUEIL.

JORIS.

DESVALLÉES.

AMBROISE.

JACQUES OUTINE.

LE DUC DE MÉRENTE.

CÉCILE DE GRANGEVAL.

MARIE DE GRANGEVAL, FEMME DU COLONEL D'ARCUEIL.

FÉLICIE DE GRANGEVAL, ÉPOUSE DE FAUVEL.

AMBROISE, PORTEUR D'EAU.

OFFICIERS, SOLDATS, CITOYENS DE TOUTES LES CLASSES.

ÉPILOGUE.

SCENE PREMIERE.

FAUVEL, CHARNENCEY, SOMBREVAL.

CHARNENCEY.

Encore une révolution! De compte fait, c'est la douzième à laquelle j'assiste, c'est-à-dire à laquelle je n'assiste pas : car j'ai toujours eu le bonheur de m'échapper à temps. Quoi qu'il en soit, me voilà de retour à Paris : m'y laissera-t-on tranquille, enfin? et puis-je défaire mes malles?

FAUVEL.

En toute sûreté, monsieur le comte : la révolution de juillet, que nous avons faite en votre absence, est comme le bouquet que les maçons placent sur le toit d'un édifice en construction, pour annoncer qu'il est achevé.

CHARNENCEY.

Ce n'est pourtant pas ce que me disait hier mon petit-fils, élève au collége de Henri IV : il parle d'une conspiration générale d'écoliers qui doit éclater avant peu.

FAUVEL.

C'est le combat du mouvement contre la résistance.

SOMBREVAL.

J'en sais quelque chose : mon neveu, boursier au collége de Charlemagne, n'est-il pas secrétaire du club *de l'Emancipation universelle?* Je vous prédis que la jeunesse nous jouera un mauvais tour.

CHARNENCEY.

Celui de nous enterrer, par exemple; mais que voulez-vous, commandeur? il n'y a pas de résistance à opposer à un pareil mouvement : pour moi, je m'y laisse aller, et décidément je viens mourir à Paris.

FAUVEL.

Et vous faites d'autant mieux, monsieur le comte, qu'avant trois ans la France sera le pays le plus tranquille, et le trône que nous venons d'élever, le plus solide de l'univers.

SOMBREVAL, *à Charnencey.*

J'en accepte l'augure; à moins, pourtant, que mon neveu et votre petit-fils ne se donnent tant de mouvement....

CHARNENCEY.

Je ne vous interroge pas, monsieur Fauvel, sur les événemens de plusieurs siècles qui se sont passés en trois jours dans cette ville des miracles; j'ai tout appris dans la retraite où j'étais allé m'enfermer bravement avec le cher commandeur. Je suis même au fait des détails de famille; je sais, par exemple, que votre Félicie vous a rendu père d'un gros garçon au bruit du canon du 28 juillet, au moment même où vous

vous emparez de l'Hôtel-de-Ville.... Tels sont à peu près les termes du billet de faire part que m'a fait passer mon vieil ami d'Olbreuse : « La révolution s'achève. L'Hôtel-de-Ville vient d'être repris pour la troisième fois, par une troupe d'ouvriers et d'étudians, commandée par le jeune Fauvel. Sa femme accouchait d'un garçon presqu'au même moment ; la mère et l'enfant se portent bien. Quant au père.... » Votre présence achève une phrase qu'il avait laissée suspendue, et dont je venais, en tremblant, lui demander l'explication. Je sais aussi à quels périls votre ami, monsieur Outine, est si courageusement échappé. Mais j'ai hâte de voir le général ; passons dans son cabinet.

FAUVEL.

Il est instruit de votre arrivée.... Je l'entends.

(*Entre Grangeval.*)

GRANGEVAL, *à Charnencey.*

Pardon, mon vieil ami, de n'être pas venu plus tôt au-devant de vous; mais nous tenions conseil pour une fête de famille. Vous venez à temps pour y assister.

CHARNENCEY.

De quelle fête s'agit-il?

GRANGEVAL.

De la fête des rois.

CHARNENCEY.

Le temps est bien choisi pour fêter les rois, il faut l'avouer!

LE COMMANDEUR.

Il est vrai qu'ils n'ont plus qu'une part au gâteau des peuples.

GRANGEVAL.

Ils ne la trouveront pas diminuée, si leurs courtisans ne peuvent y mordre..... Mais voici les membres du conseil de sa majesté future le roi de la fève : permettez-moi d'avoir l'honneur de vous les présenter.

CHARNENCEY.

Ces messieurs sont de la famille ?

GRANGEVAL.

Oui, de la grande famille des patriotes. (*Les nommant l'un après l'autre.*) M. Astelin, riche fabricant au faubourg Saint-Antoine, l'un de nos meilleurs et de nos plus grands citoyens; non content d'avoir armé trois cents ouvriers, dont il est le chef, il a voulu combattre à leur tête, et, pendant les trois journées d'éternelle mémoire, sa petite troupe de faubouriens a décidé la victoire partout où elle s'est montrée. Malheureusement, cet excellent citoyen a payé la victoire du plus pur de son sang : Gaspard, son fils aîné, a péri sur le pont de l'Hôtel-Dieu; mais la race des héros n'est point éteinte : cet enfant intrépide (*montrant Charlot*) a vengé son frère et soutenu l'honneur de son illustre famille. (*Indiquant M. Dutremblet.*) Ce n'est point par la même vertu guerrière que se distingue l'honnête M. Dutremblet; mais enfin tous les cœurs ne sont pas à l'épreuve de la balle, et le patriotisme de M. Dutremblet a besoin d'un temps calme pour briller de tout son éclat.

DUTREMBLET.

Maintenant, on peut compter sur moi.

OUTINE, *bas à Fauvel.*

Jusqu'à la première émeute.

GRANGEVAL.

Pour vous, duc de Mérente, votre éloge est d'avoir combattu dans les rangs de cette héroïque canaille, comme l'appellent ces messieurs à qui nous devons la révolution de juillet. Ce n'est point avec des phrases (me disiez-vous le matin du 27) qu'on renverse un trône et qu'on fonde la liberté d'un peuple : des bras et de l'or, voilà ce qu'il nous faut, et je vous apporte mon contingent, vingt mille écus et cent hommes armés qui m'ont choisi pour leur chef.

LE DUC.

Ajoutez, général, que M. Astelin, à qui vous m'avez adressé, n'a pas voulu de mon argent, et que, dans ces trois jours à jamais mémorables, je n'ai pas trouvé à placer vingt écus parmi les milliers de héros en guenilles, dont la plupart n'avaient pas vingt sous dans leur poche. Voilà, messieurs, voilà les hommes que l'on doit signaler à la reconnaissance, et que représente ici mon camarade Ambroise.

AMBROISE.

Ambroise, le porteur d'eau, s'est bien battu, ça c'est vrai; mais qu'est-ce qui lui en a donné l'exemple? C'est monsieur le duc, ici présent. Qu'est-ce qui est venu le ramasser dans la rue au milieu des balles, quand il a eu la jambe cassée? C'est monsieur l'avoué que voilà (*montrant Desvallées*). Qu'est-ce qui a mis le premier appareil sur sa blessure ? C'est sa fille et sa femme. Qu'est-ce qui a eu soin de la mienne et de mes quatre enfans, pendant six semaines que j'ai passées à l'hôpital ? C'est ma pratique, M. Joris.

DESVALLÉES.

Nous avons tous fait notre devoir envers la patrie : qui pourrait en douter, lorsque son plus digne interprète nous en donne aujourd'hui la récompense en nous admettant à sa fête ?

(*Entre le colonel d'Arcueil.*)

LE COLONEL.

Général, on n'attend plus que vous et le conseil d'état.

LE GÉNÉRAL.

Allons procéder à l'élection du roi de la fève.

SCENE II.

LE ROI DE LA FÈVE.

(Le théâtre change et représente une salle à manger : au milieu une table de marbre autour de laquelle est rangée la famille du général. D'Olbreuse est assis dans un grand fauteuil au coin de la cheminée.)

LES ACTEURS DE LA SCÈNE PRÉCÉDENTE, plus CÉCILE, SES FILLES, SES GENDRES ET LEURS ENFANS.

LE GÉNÉRAL.

Messieurs, nous allons tirer le gâteau des rois.

D'OLBREUSE.

Avant de procéder à l'élection, il est bon de prévenir que le gouvernement provisoire, dont je suis président d'âge, a aboli la loi salique, et que nous ne récuserions pas le sort qui pourrait faire tomber le sceptre aux mains d'une femme.

LE GÉNÉRAL.

Suivant l'usage antique et solennel, c'est au plus jeune de l'assemblée à interroger le sort.

D'OLBREUSE.

C'est donc à la petite Marie, ou à moi, s'il est vrai que les extrêmes se touchent.

(Marie, petite fille de Cécile, âgée de trois ans, s'avance et distribue les parts, l'une après l'autre; chacun remet sa part, après l'avoir ouverte, sur un plateau que porte un domestique qui accompagne l'enfant.)

D'OLBREUSE, *s'apercevant qu'il a la fève.*

Je proteste contre ma nomination : c'est un fait exprès que ce hasard là; ma royauté n'est pas légitime.

LE GÉNÉRAL.

C'est comme cela que nous la voulons. Vive notre roi illégitime et citoyen! le hasard fait exprès qui nous l'a donné est l'expression du vœu populaire.

D'OLBREUSE.

J'accepte ce titre, et je suis bien aise d'entrer aujourd'hui en fonction, afin d'avoir le plaisir de dater la première année de mon règne de la centième année de ma vie.

LE GÉNÉRAL.

Et quoi, vénérable d'Olbreuse, vous avez...

D'OLBREUSE.

Cent ans aujourd'hui même; je n'en suis pas fâché, cela prouve, contre l'avis de mon contemporain Fontenelle, qu'on peut vivre long-temps avec un bon cœur et un mauvais estomac.

CÉCILE.

Sire, la salle du trône est préparée; venez-y recevoir l'hommage libre de vos fidèles sujets. *(Tout le monde sort.)*

SCÈNE DERNIÈRE.

(Le théâtre change et représente un magnifique salon, au milieu duquel est un trône. Le portrait de la princesse de Richemont, qu'on a vu dans les autres actes, est placé à droite du trône. Tous les personnages vont s'asseoir sur des banquettes aux deux côtés du trône; des hommes et des femmes de tout âge et de toute condition sont placés debout et sur les côtés.)

TOUS LES PERSONNAGES.

D'OLBREUSE, *à Cécile qui le conduit par la main jusqu'au trône.*

Je me laisse faire d'assez bonne grâce, comme vous voyez. (*S'arrêtant en face du portrait.*) La vertu sur le trône, voilà sa place; pourquoi n'y est-elle le plus souvent qu'en peinture !

CÉCILE.

Aussi longtemps que vous l'occuperez, personne n'en fera la réflexion.

D'OLBREUSE, *sur le trône.*

Mes chers sujets, je vois avec plaisir que vous vous assoyez sans ma permission; c'est déjà une preuve que vous ne tenez pas plus que moi à l'étiquette. Mon discours sera long peut-être; car je n'ai pas de chancelier pour vous dire le reste.

Il est extrêmement probable que l'année prochaine, à pareille époque, j'aurai pour jamais perdu la parole. Ne craignez pourtant pas que je vous fasse un sermon : je sais qu'on ne gagne rien à ennuyer des Français. Je vous parlerai beaucoup de moi; mais vous m'excuserez en songeant que ma biographie est celle du siècle tout entier.

Il y a cent ans aujourd'hui, mes chers enfans, que j'ai fait mon apparition dans le monde, le jour même de l'abdication de Victor Amédée, roi de Sardaigne.

Élevé par un grand-père, que l'on avait appelé, avec plus de raison que M. de Montlosier, l'Alceste de la cour de Louis XIV, je grandis sans danger au milieu de la corruption des mœurs qu'avait amenée la régence, et dont le trône ne tarda pas à être infecté. Avant l'âge de quarante ans, j'avais perdu tous mes parens; et la solitude où je vivais au sein de la cour la plus bruyante avait aigri mon caractère au point de me faire prendre le monde en horreur : je n'y voyais qu'une immense caverne, où tout était crime et perfidie; le pouvoir, les lois, les mœurs. J'avais pris la résolution de sortir de ce coupe-gorge, lorsque j'eus occasion de connaître, sous la figure céleste qui fixe en ce moment tous les regards, une femme qui me réconcilia avec le genre humain. Je n'ajouterai pas un mot sur ce sujet, pour me conserver la force de parler d'autre chose.

Tandis que l'ignoble monarque poursuivait dans les plus honteuses débauches son règne d'intolérance, et d'ignominie;

deux hommes, Voltaire et Montesquieu, avaient semé dans cette fange les germes d'une France nouvelle. Le premier vécut assez long-temps pour les voir éclore. J'avais embrassé les principes d'une philosophie qui conduisait à une réforme politique et morale que j'appelais de tous mes vœux. C'est à dire assez à ceux qui l'ignorent le parti que je pris quand la révolution éclata. Appelé aux états-généraux, ma place y était marquée parmi les membres de la minorité de la noblesse; je ne tardai pas à la remplir. La révolution des idées était faite, elle entraînait nécessairement celle des choses; mais pourquoi faut-il que nulle amélioration sociale ne puisse se faire qu'aux dépends des générations qui l'entreprennent? il existait dans le cœur de la société un principe d'irritation, un ferment intérieur qui menaçaient le trône et la monarchie; on se partagea sur les moyens de les défendre: les uns, ceux-là même qui se donnaient pour les seuls amis du roi, l'abandonnèrent sous prétexte de lui susciter des vengeurs à l'étranger; les autres, et je fus de ce nombre, crurent qu'il était de leur devoir de faire tête à l'orage, et restèrent en France. Dans la lutte terrible qui s'engagea sur le sol même de la patrie, la terreur et la violence multiplièrent leurs victimes. Déjà protégé par mon âge, et surtout par le dévouement sans exemple de notre brave Gilbert, on me permit de vivre, et vous voyez que j'ai amplement usé de la permission : je ne m'en consolerais pas, si je n'avais bien employé les jours de grâce que le temps m'a si généreusement comptés en conservant à la France un grand citoyen que j'avais élevé pour elle. J'ai béni l'hymen de Grangeval et de Cécile, et j'ai vu naître pour eux des jours de gloire et de bonheur. Contemporain de leurs aïeux, j'achève ma vie au milieu de leurs enfans et de leurs petits enfans; j'ai recueilli tous les fruits que j'avais semés. Dans le cours de ma longue carrière, je me suis convaincu de cette vérité bien consolante, que la vie de tous les hommes est sans doute à la merci de la nature et des événemens; mais que le bonheur dépend de nous seuls : tous nos maux sont plus ou moins immédiatement la conséquence de nos fautes. Vous ne me soupçonnez pas d'un fol orgueil en ce moment, où je me survis pour ainsi dire à moi-même : eh bien! je ne crains pas, en me proclamant heureux, d'affirmer en même temps que je ne me rappelle pas une action importante de ma vie dont j'aie à rougir.

Ce n'est pourtant pas tout d'être homme de bien; pour être heureux, il faut encore avoir la vertu de son âge, et la plus rare est de savoir vieillir : c'est un talent qu'il faut apprendre, sous peine d'être insupportable ou ridicule; je m'y suis appliqué de bonne heure. Dès que j'ai vu venir l'automne, j'ai pris mesure de mes habits d'hiver, et franchement, je ne me suis pas trop aperçu du changement de saison.

Jadis, il était d'usage que le doyen des acteurs vint haranguer le public à la fin de l'annnée théâtrale. J'ai suivi cet exemple : au moment de quitter la scène, je me suis présenté pour vous rendre compte des travaux de ma troupe au nom des quatre générations qui la composent : sans doute la postérité aura plus d'un reproche à faire à quelques-uns des acteurs qui ont figuré en première ligne dans le grand drame que nous avons joué à son profit; mais pour être juste, elle n'oubliera pas qu'il s'agissait de la conquête de la liberté, et que dans une pareille mêlée on ne sait pas toujours sur qui l'on frappe : elle apprendra que, dans ces temps de fureurs et d'anarchie, les femmes ont conservé les plus beaux traits de caractère national; elle n'oubliera jamais qu'à l'époque la plus terrible de cette révolution, dont vos neveux ne connaîtront que les bienfaits, la piété, la grâce affectueuse, les soins désintéressés, le dévoûment le plus absolu, toutes les qualités adorables, qui sont le partage des femmes de ce pays, s'étaient réfugiés dans les prisons, pour y donner aux hommes l'exemple de ce courage, de cette philosophie pratique qui fait une loi de bien employer des jours dont chaque instant menace la durée. Dans ma bouche, mes enfans, cet éloge des femmes ne serait plus que l'expression froide et sévère de la vérité, si mes yeux, qui se reportent involontairement sur une image adorée, ne se remplissaient de larmes en prononçant ces derniers mots.

Arrivé à des temps de gloire, que la plupart d'entre vous ont traversé avec ivresse, je craindrais d'affaiblir votre admiration pour l'homme prodige qui, pendant quinze ans, soumit l'Europe à l'aigle française, en vous prouvant que ses triomphes ne furent pas moins nuisibles à la liberté que les excès des hommes de la terreur; je craindrais également de rappeler les malédictions du ciel et de la terre sur la monstrueuse coalition des rois qui nous apporta le fléau d'une double restauration en songeant que peut-être la France avait besoin de subir ces cruelles épreuves pour en finir à jamais avec une odieuse légitimité! Oui, mes amis, les folies de Charles X, les crimes des prêtres et des courtisans qui ont amené la révolution de juillet, ont plus fait pour le bonheur de la France, que n'auraient pu faire les règnes les plus longs et les plus glorieux de trente rois de la même dynastie.

J'ai vu élever au trône le roi citoyen, l'ami de la liberté, le défenseur de la patrie et des lois, l'homme de bien, de talent et de courage éprouvé par l'exil et le malheur : Louis-Philippe d'Orléans règne sur les Français, je puis donc adresser au ciel le cantique de mon patron : *Nunc dimittis servum tuum Domine.*

Écoutez, mes enfans, les paroles prophétiques du centenaire : un système monarchique et constitutionnel, le seul qui, pour des siècles encore, convienne à la France : un prince que le peuple à choisi, un gouvernement que l'on respecte, une Charte que l'on observe, des institutions en harmonie avec la révolution de juillet et les lumières du siècle, des ministres habiles et responsables, une armée citoyenne et des magistrats incorruptibles, sinon la révolution reprend son cours, la France seule combat un demi siècle encore pour la liberté du monde; elle triomphe enfin, dans le sang et dans les larmes, mais elle ne s'arrête qu'après avoir achevé sa conquête. J'ai dit et j'ai vécu.

CÉCILE, *conduisant ses enfans et ses petits-enfans auprès du centenaire.*

Mon vénérable ami, vous voyez devant vous trois générations d'une famille dont vous avez été la seconde Providence ; les plus jeunes ne peuvent encore sentir le prix de vos leçons, mais votre bénédiction sera pour eux un garant de la faveur du ciel.

(Les enfans se mettent aux genoux du vieillard, qui impose ses mains sur leur tête.)

D'OLBREUSE.

Patrie! Liberté! (1) enfans, telle fut la bénédiction d'un grand homme sur le fils d'un grand citoyen ; je la répands sur vous, et vous apprendrez un jour qu'en formant pour vous le même vœu, je vous ai engagés par les mêmes sermens. *(Il les embrasse.)*

TOUS.

Vive le centenaire ! vive le modèle, l'honneur et l'ami de l'humanité.

(1) Bénédiction de Voltaire au fils de Franklin.

FIN DU CENTENAIRE.

L'INGRATITUDE

POLITIQUE.

L'INGRATITUDE

POLITIQUE.

On a tout dit, et, qui plus est, on a tout prouvé sur l'ingratitude des rois et des gouvernemens; c'est de l'ingratitude du peuple qu'il sera question dans cet écrit. Je connais l'époque où j'achève de vivre, je dois donc, pour rassurer mes lecteurs sur l'ennui d'une dissertation, que le titre de ce discours semble leur promettre, sur la fatigue des développemens historiques où je pourrais me laisser entraîner, les prévenir que je renfermerai mon sujet dans les bornes les plus étroites : c'est un seul peuple, les Français; un seul événement de son histoire, la révolution, que je prends pour exemple et pour preuve de cette affligeante vérité : l'ingratitude des contemporains est, presque sans exception, le lot des hommes qui dévouent leur existence au triomphe de la cause nationale. Il est un écueil que je n'ai point cherché à éviter, bien qu'il m'ait été signalé par l'état actuel de nos mœurs; mes éloges s'adressent aux individus, et ma censure porte sur les masses : cette route, on le sait, ne conduit plus à rien; le pouvoir lui-même n'a plus de flatteurs.

En traduisant l'ingratitude politique au tribunal de la justice humaine, je prétends lui laisser tout l'odieux que la morale et la philosophie attachent à son nom : « L'ingrat n'a qu'un vice (dit admirablement le poète Young), tous les autres lui peuvent être comptés pour des vertus (1). »

(1) He that's ungrateful, has no guilt but one :
All other crimes may pass for virtues in him.

YOUNG.

Après avoir signalé l'ingratitude comme la plus odieuse maladie du corps social, il est sans doute bien pénible d'ajouter que la nation française, à l'époque la plus glorieuse de son histoire, que la ville de Paris dans le cours d'une révolution qui l'a placée à la tête du monde civilisé, offrent peut-être les plus nombreux exemples de cette ingratitude politique contre laquelle aucune voix reconnaissante ne s'est encore élevée.

Certes, on ne croira pas que, dans une accusation de cette nature, je veuille rendre la nation responsable des crimes et des malheurs qu'elle a soufferts dans le long enfantement de sa liberté. En évoquant les ombres de quelques-unes des plus illustres victimes de nos discordes civiles, ce ne sont plus les bourreaux que j'accuse (dès long-temps l'horreur publique en a fait justice), c'est la France, c'est Paris, surtout, à qui je demande compte de l'indifférence coupable, du honteux abandon où reste enseveli la mémoire de ces héros de l'humanité.

L'ingratitude, chez l'homme individu, a pour principe l'intérêt personnel; chez l'homme collectif, qu'on appelle *le peuple*, l'ingratitude naît de l'envie et de l'intrigue, ennoblies du nom d'esprit de parti par quelques *habiles* toujours prêts à remuer les passions populaires au profit de leur ambition personnelle. Il est à remarquer que cette faction des *habiles* finit toujours, dans les grandes crises de l'état, par diriger le mouvement révolutionnaire, alors même qu'elle ne l'a pas suscité : pour y parvenir, son moyen le plus habituel est de détourner l'opinion publique des objets actuels de son culte, en montrant à ceux-ci l'oubli profond qui pèse sur la tombe des grands citoyens qu'ils ont choisi pour modèles.

Tel homme que le sort de Bailly n'effraierait pas, qui se sentirait capable de sacrifier à la patrie son repos, sa fortune, sa gloire même, avec la certitude de trouver, comme ce martyr de la liberté, la mort la plus cruelle au terme de sa carrière; tel homme, dis-je, prêt à concevoir, à imiter un semblable dévouement, reculerait devant la pensée que son souvenir restât enseveli avec son cadavre mutilé dans quelque coin de ce Champ-de-Mars, où l'on cherche en vain la place qu'arrosa le sang de l'infortuné Bailly. Quelles pensées pouvaient occuper sa grande âme au moment où des monstres, échappés de l'enfer, faisaient flotter, sur son visage vénérable, un drapeau enflammé; lorsque, agité par un tremblement causé par la pluie et la rigueur de la saison, il répondait au misérable, qui lui reprochait de trembler : *Oui, mon ami, je tremble, mais c'est de froid?* Quelles réflexions profondes absorbaient ses esprits pendant l'heure épouvantable où, pour prolonger son supplice, ses bourreaux exigèrent que l'échafaud fut transporté sur une autre place, au milieu d'un amas de fumier et de fange!... Je l'entends, ce langage muet du philosophe expirant :

« J'ai voulu la liberté de mon pays ; j'ai, le premier, prêté serment à la monarchie constitutionnelle, seul gouvernement où la France puisse trouver la liberté, l'indépendance et le bonheur : je péris dans des tourmens affreux, mais j'ai le bonheur de mourir à une époque où, pour tout homme de bien, il est presque honteux de vivre. Ne craignez pas, ô mes concitoyens, qu'aucune plainte injurieuse à votre honneur s'exhale de mon sein, au milieu des angoisses de ma longue agonie : loin de t'accuser, peuple français, d'un crime commis en ton nom, c'est en toi que je mets ma dernière espérance, de ce côté du tombeau :

tu garderas ma mémoire, tu la protégeras contre la haine posthume de mes persécuteurs. Indifférent à la perte de quelques jours que pouvait encore me compter la nature, je ne le suis pas à ma renommée, et la certitude que la reconnaissance publique veillera autour de ma tombe, me montre, en ce moment, l'échafaud resplendissant de gloire et d'immortalité. »

Laissons le grand citoyen mourir dans cette pensée consolante; mais si l'étranger nous demande sur laquelle de nos places publiques est élevée la statue colossale de l'un des fondateurs de la liberté, du premier maire de Paris, du premier député de cette ville, du premier président de l'Assemblée constituante, de celui qui provoqua et reçut le serment du Jeu-de-Paume, du patriote irréprochable qui couronna, par une mort sublime, une vie illustrée par de si beaux talens et de si hautes vertus; nous nous éloignerons en rougissant de honte, pour n'avoir pas à répondre : « Nous ne savons pas même où repose la cendre de Bailly. »

La terreur régnait sur la France, le sang coulait par torrens du haut de l'impitoyable Montagne, et la République naissante allait périr avec la liberté dans les excès de la plus effroyable licence. Marat, le plus hideux représentant de la fureur anarchique, faisait retentir la tribune nationale de ses rugissemens, et glaçait tous les cœurs d'épouvante : ce même peuple français, dont l'attitude seule faisait trembler l'Europe en armes, subissait en silence le joug du plus ignoble tyran. Chacun se révoltait contre sa propre dégradation, et personne n'osait même s'avouer le désir de s'y soustraire. Quelques femmes semblaient seules rester vivantes au milieu de cette asphyxie morale dont les hommes étaient frappés.

L'une d'elles, Charlotte Corday, d'une famille noble qu'elle a rendue historique, dans tout l'éclat de la jeunesse et de la beauté, dans l'âge du plaisir et du bonheur, prend, à vingt-trois ans, la résolution de mourir pour venger son pays et l'humanité : désormais pour elle plus d'avenir, plus d'illusion; elle a laissé l'espérance à la porte du monstre chez qui elle s'est introduite.

C'en est fait, l'apôtre du meurtre et du brigandage, l'homme réputé atroce parmi ses atroces complices, l'infâme Marat, expire sous la main d'une jeune fille, qui attend, immobile auprès d'un cadavre, la récompense de son héroïque dévoûment; elle ne tarde pas à la recevoir ; le bourreau fait tomber sa tête, et Charlotte Corday ne laisse plus au monde que le sublime exemple de son courage et de ses vertus patriotiques. Il s'éteindra bientôt ce souvenir qui dut être impérissable ; puisse-t-il du moins ne pas s'effacer au souffle de la calomnie ! Vain espoir ! des hommes toujours prêts à rabaisser une belle action, à la hauteur de laquelle ne pourra jamais s'élever leur bassesse, n'ont pas eu honte de semer d'injurieux soupçons sur la nature des liaisons de cette admirable fille avec le député Barbaroux ; Louvet, dans ses Mémoires, a prouvé l'absurdité d'une pareille supposition ; mais l'ingratitude publique a cela de particulièrement odieux, qu'en effaçant le portrait du bienfaiteur, elle laisse trop souvent subsister les taches dont l'envie et la sottise l'avaient couvert. Un homme, pourquoi faut-il que ce soit un étranger, publia l'apologie de cette jeune héroïne le jour même de sa mort : Adam Lux, député de Mayence, proposa de lui élever une statue avec cette inscription : *Plus grande que Brutus* : il paya de sa vie sa généreuse proposition, qui ne trouva point d'échos en

France, alors même que le silence n'y avait plus l'excuse de la peur.

Les mêmes nuages d'indifférence et d'oubli, qui pèsent sur la tombe de Charlotte Corday, dérobent également aux hommages publics les ombres illustres :

De *Philippine Roland*, qui se dévoua si généreusement pour son pays et pour son époux; qui montra l'âme de Socrate sous les traits d'une femme jeune et belle;

De cette autre héroïne de l'amour conjugal; de cette madame de Lafayette, devant qui s'était agenouillé Voltaire, comme devant l'épouse de l'ami de Washington; de madame de Lafayette, qui s'enterra vivante dans les cachots d'Olmütz, où son illustre époux expia pendant cinq ans son dévoûment à la cause de la liberté dans les deux mondes;

D'*Élisabeth de France*, qu'aucun péril, aucune menace ne put décider à séparer son sort de celui de son auguste frère.

Approchons-nous d'un tombeau plus récemment fermé : c'est ici où repose *Manuel.* Puisque j'ai prononcé son nom, j'ai achevé son éloge : j'ai dit qu'il fut un de nos plus grands orateurs, un de nos plus grands citoyens ; j'ai dit que la liberté, l'indépendance et la gloire nationales, n'ont pas eu de plus intrépide défenseur ; j'ai dit que Manuel, victime de la plus révoltante injustice, du plus lâche abus de pouvoir, fut déclaré *indigne* de siéger à la Chambre des Députés, par la majorité de ses indignes collègues. Le cri de la douleur et de l'indignation publiques qui s'éleva contre ses oppresseurs ne permettait à personne de douter qu'une nomination nouvelle ne le vengeât bientôt, en le rappelant au sein d'une assemblée d'où la violence la plus illégale l'avait fait sortir. Cinq mois après l'occasion se présente; les amis de Manuel le forcent à se mettre sur les rangs, et il n'obtient pas trente voix dans le collége électoral où il s'est porté comme candidat à la députation. Cette marque d'ingratitude aggrave la maladie dont il est atteint, il meurt : une souscription est ouverte pour lui élever une statue; mais c'est en vain qu'auprès de *sa tombe un ami s'agenouille et quête pour honorer ses restes* (1); les faibles secours qu'il reçoit n'auraient pas suffi à faire exécuter, non plus la statue, mais le simple buste du grand homme, si le *Chansonnier* se fût contenté de payer à la mémoire de son illustre ami le tribut de ses chants et de ses larmes.

Les fureurs populaires, le bon plaisir royal, ont arrosé le sol français d'un sang

(1) Voyez *le Tombeau de Manuel* (Chansons de Béranger.)

précieux; la nation a gémi sur le sort des victimes; mais est-ce assez de quelques larmes, si promptement essuyées, pour acquitter la dette de la patrie envers de si héroïques infortunes? Quelle trophée, quel monument, quelle simple inscription de rue, de place, de fontaine publique, consacrent à la postérité les noms de Biron, des deux Custine, de Condorcet, de Lavoisier, de Ney, de Labédoyère, de Mouton-Duvernet, de Chartrand, de Berton, de Caron, de Bories et des trois complices de sa gloire! Serait-ce donc trop demander à la reconnaissance nationale de faire disparaître tant de noms insignifians ou ridicules, qui salissent les coins de rue de cette capitale du monde, pour y substituer des noms que d'éminens services rendus, de grandes injustices à réparer, recommandent à la mémoire des hommes?

Les vengeances révolutionnaires passent

comme un torrent, sans flétrir le caractère de la nation qui les subit; mais l'ingratitude d'un peuple annonce la dégradation de ses mœurs, et laisse sur son caractère une tache indélébile qui s'étend, le pénètre, et finit par le corrompre. C'est, à l'envisager sous ce rapport, qu'il est permis de dire que l'indifférence de la nation française pour la renommée des grands citoyens dont l'échafaud a payé les services, porte plus de préjudice a sa véritable gloire, que les crimes des factions dont les traces disparaissent avec le mouvement convulsif qui les a produits.

Et cependant cet oubli coupable, dont je me plains, n'est point encore ce que j'appelle ingratitude politique : ici ma tâche devient plus difficile; ce n'est plus en faveur des morts que j'élève la voix, c'est aux intérêts du moment, c'est aux passions du jour que je m'adresse; c'est en faveur des hommes vivans que je réclame contre l'ingratitude nationale, aux traits de laquelle leur élévation momentanée les met plus particulièrement en butte.

Il en est un sur lequel la faction des ingrats s'acharne avec le plus de violence; c'est aussi le premier que je mettrai aux prises avec ses ennemis : on voit qu'il s'agit de M. Dupin l'aîné. Je laisse parler les faits.

De toutes les libertés nationales, celle qu'un gouvernement sans foi, mais non sans prévoyance, redoutait davantage, la liberté de la presse trouva dans M. Dupin son plus infatigable défenseur. Les écrivains du patriotisme le plus hostile au gouvernement du bon plaisir, ne réclamèrent jamais en vain son appui : c'est un hommage que se sont empressés de lui rendre, dans vingt écrits que je pourrais citer, la plupart de ceux qui se sont déclarés ses ennemis depuis qu'ils n'ont plus rien à attendre de lui. On ne trouve jamais plus d'ingrats que lorsque l'on est plus en position d'en faire.

M. Dupin a constamment professé et soutenu les principes d'une liberté contenue dans les bornes constitutionnelles ; il a contribué de tout son pouvoir à la fondation du trône populaire, sur lequel Paris, organe et mandataire de la France, éleva un roi citoyen ; comment ce vieil ami de la liberté, l'un des ârtisans de notre régénération politique est-il devenu, tout à coup, pour les hommes de juillet, un objet d'inquiétude, un but de persécution ? Il a différé d'opinion sur quelques points de doctrine politique, avec les chefs d'une opposition systématique dont il avait cessé de faire partie. M. Dupin a pu se tromper avec la majorité de la Chambre de 1830, quand, par respect pour le principe de l'inamovibilité des juges, il s'est prononcé contre l'épuration de la magistrature; il a pu se tromper avec Voltaire quand il a pensé que plus le peuple serait éclairé et plus il serait libre, en opposition avec ceux qui soutiennent que plus le peuple sera libre plus il sera éclairé; mais comme il est certain que cette divergence d'opinion, sur des questions de pure théorie, ne saurait être la source de ce débordement de haine et d'injustice auquel il se voit depuis long-temps exposé, il faut en chercher la véritable cause dans cette simple observation : homme supérieur, il a trouvé sa place dans le nouvel ordre de choses où des concurrens, qui se croient ses rivaux, cherchent encore la leur.

Ce que je viens de dire à propos de M. Dupin, je pourrais le répéter presque dans les mêmes termes en parlant de MM. Barthe et Mérilhou; il n'y a pas encore un an qu'on ne pouvait prononcer leur nom, à Paris, sans éveiller les idées de talent supérieur, de dévoûment à toute épreuve, et du plus incorruptible patriotisme : leur éloge était alors dans toutes les bouches. La révolution s'opère; ils y prennent la part la plus active, et le gouvernement cède au vœu de l'opinion publique qui les indique à son choix. A peine ont-ils touché le seuil du pouvoir que les plus injustes clameurs s'élèvent autour d'eux; déjà on doute de leur patriotisme; bientôt on les accusera d'intrigue, de malversation, que sais-je, de connivence avec les ennemis de l'état : qu'ont-ils fait pour perdre en quelques jours cette popularité qu'ils avaient mis vingt ans à conquérir? Ils ont accepté un portefeuille de ministre que d'autres se préparaient à saisir.

Ce ne sont ni les mêmes hommes ni les mêmes principes que je rendrai responsables de l'ingratitude politique dont MM. Lafayette et Laffitte ont le droit de se plaindre; certes ce n'est pas la faction *des habiles* qui a retiré à l'un le commandement des gardes nationales de France, et éloigné l'autre de la présidence de la Chambre des Députés. Il y a des maladresses de parti qu'on ne peut expliquer qu'en observant que, dans toute assemblée publique, la médiocrité domine, et que le jour où ses chefs croient pouvoir l'abandonner à elle-même, elle prend sa force dans la foule des nullités qu'elle représente, et devient ainsi l'organe d'une décision contraire aux intérêts qu'elle croyait défendre. L'ingratitude est une mauvaise herbe qui brûle la terre qui la nourrit:

Le gouvernement, voulant adoucir autant qu'il était en lui les regrets que la garde nationale de Paris éprouvait de la retraite de son illustre chef, a senti la nécessité de mettre à la tête de cette armée citoyenne un homme dont la gloire et les vertus patriotiques eussent dès long-temps consacré la réputation. Son choix tomba sur un des généraux de notre vieille armée, au nom duquel se rattachent les plus honorables souvenirs. Ce fut un ancien aide-de-camp de l'empereur, le vainqueur de Burgos, celui qui préluda au triomphe d'Eckmuhl par un des plus beaux faits d'armes dont l'histoire fasse mention (1); celui qui resta maître d'Essling, pris et repris quatre fois dans la même journée; celui qui, dans la fatale bataille de Waterloo, soutint pendant quatre heures, avec 6,000 hommes, l'effort des 30,000 hommes du corps d'armée de Bulow; celui qui fut frappé d'exil en 1815, à la seconde restauration; celui qui fut membre de la commission municipale dans la révolution de juillet; ce fut enfin le géné-

(1) « Le général Mouton, le 21 avril 1809, veille de la bataille d'Eckmuhl, traversa, à la tête du 17e régiment d'infanterie de ligne, un pont enflammé sur l'Iser, pénétra par « cette route de feu dans la ville de Landshut, et sépara, par « cet acte d'une audace inouïe, les armées autrichiennes. »

ral Mouton-Lobau que Louis-Philippe donna pour successeur au général Lafayette, dans le commandement de la garde nationale parisienne. Comment concevoir que tant de services éclatans, tant de droits à l'estime, à la reconnaissance des vrais patriotes, n'aient pu mettre ce guerrier citoyen à l'abri des outrages d'une foule stupide, qui voit des ennemis de la liberté dans tous les défenseurs de l'ordre public?

S'il est vrai, comme l'a dit le plus illustre chancelier qu'ait eu l'Angleterre, « que la censure, la satire même, soit la taxe que l'homme en place doit au public pour le seul fait de son élévation », certes, nul ministre, pas même Bâcon dont je viens de citer les paroles, n'a été inscrit pour un plus fort contingent sur le rôle des contributions ministérielles, que le président actuel du conseil des ministres (1). Personne ne

(1) A l'époque où cet écrit parut pour la première fois, Ca-

nie les services signalés que M. Casimir Périer a rendus à la cause des libertés constitutionnelles; tout le monde convient du talent et du courage dont il a fait preuve à la tribune nationale, dans la lutte qu'il a soutenue, pendant dix ans, contre les hommes de la restauration.

Si j'avais besoin, pour justifier cet éloge, d'autre autorité que celle des faits que je veux seule employer, c'est aux ennemis actuels de ce ministre que j'appellerais de l'accusation qu'ils portent maintenant contre lui : je demanderais quel est le patriote qui n'a point souscrit aux louanges que lui prodiguaient, en 1824, les feuilles publiques, organes les plus purs et les plus sonores de l'opinion libérale.

simir Périer présidait le Conseil des Ministres, la mort, qui vint le frapper quelques mois après, trouva une proie facile dans un homme épuisé de travail et abreuvé de dégoût.

(Note de l'Auteur.)

Tous les écrits du temps ont répété que M. Casimir Périer était un des meuillers citoyens, un des plus grands orateurs, un des plus irréprochables caractères dont la France moderne puisse se glorifier : personne ne s'est rangé plus promptement et avec plus de courage sous l'étendart de juillet : ce fut au milieu des circonstances les plus difficiles qu'il accepta la responsabilité du poste éminent qu'il occupe, et qu'il avait jusque-là refusé. Je suis donc en droit d'accuser d'injustice et d'ingratitude les mêmes hommes qui cherchent à flétrir aujourd'hui dans l'opinion publique celui que naguère ils plaçaient si haut dans leur propre estime.

Ce n'est point ici le lieu d'attaquer ou de défendre le système d'administration adopté par ce ministre ; d'examiner s'il se trompe en partant du principe que le gouvernement, résultat nécessaire de la révolution de juillet, doit être fondé à égale distance du pouvoir absolu et de l'anarchie (on voit ce que j'entends par ce mot de *juste milieu* dont l'esprit de parti s'est emparé sans le définir). M. Casimir Périer est un homme d'état dans la plus noble acception du mot, un grand orateur, un patriote à l'abri du soupçon; je n'ai point voulu dire autre chose (1).

Jusqu'à ce qu'on m'ait prouvé que le malheur d'être roi est un titre suffisant à l'ingratitude des peuples, je continuerai à voir

(1) Après la mort de Casimir Périer, l'un des plus illustres généraux de notre vieille armée eut le courage d'accepter aux mêmes conditions un poste plus périlleux encore qu'honorable : ni trente années de combats et de victoires, ni son sang versé sur tant de champs de bataille, ni toute une vie de gloire, couronnée par la journée de Toulouse, n'ont pu mettre l'illustre maréchal à l'abri de cette ingratitude politique qui semble, parmi nous, l'infaillible partage de l'homme en place, de quelques services anciens qu'il puisse se prévaloir.

(NOTE DE L'AUTEUR.)

dans Louis-Philippe l'homme de la France nouvelle, le représentant couronné de la double révolution de 89 et de 1830...

Je m'arrête; pour la première fois j'entends résonner à mon oreille les cris de *ministériel!* de *royaliste!* Que m'importe à moi; ma vie n'est-elle pas là pour répondre de mes opinions et de mes sentimens? Ma carrière est terminée; je n'attends plus rien des hommes ni des événemens, pas même le repos de la solitude, pas même ce degré de considération publique auquel je crois avoir d'incontestables droits.

Gardez, dirai-je à mes détracteurs, pour vos rivaux d'ambition ou de renommée, des traits qui ne peuvent plus m'atteindre. A qui vous flatteriez-vous de faire accroire que celui qui n'a pas fléchi sous la gloire de Napoléon, qui a repoussé les faveurs de Louis XVIII; qui s'est montré quarante ans sur la brêche pour y défendre de son épée et de sa plume l'indépendance et la liberté de son pays; qui a sacrifié sa fortune entière et celle de ses enfans à la défense de cette cause sacrée; que les trois immortelles journées de juillet ont trouvé dans les rangs du peuple en armes, ou sur le siége périlleux d'une mairie; à qui, dis-je, vous flatteriez-vous de faire accroire qu'un des vieux athlètes de la liberté soit tout à coup devenu courtisan de la fortune, et flatteur du pouvoir?

J'ai signalé l'ingratitude politique comme l'un des vices flagrans de l'époque. J'ai nommé quelques-unes de ses principales victimes, mais je n'ai appelé que les faits en réparation, devant la justice nationale, où je les ai traduites.

Cet écrit en quelques pages est probablement le dernier qui sortira de ma plume;

je le regarde comme mon testament public, sans préjudice pourtant des codicilles que je pourrais être tenté d'y ajouter, si la mort m'oubliait quelques années encore.

FIN.

www.ingramcontent.com/pod-product-compliance
Lightning Source LLC
LaVergne TN
LVHW020611110826
845149LV00002B/451

9782011851802